唐潮

唐朝人的
家常与流行

Tangchao：Tangchaoren de
Jiachang yu Liuxing

李永志 著

浙江人民出版社

图书在版编目（CIP）数据

唐潮：唐朝人的家常与流行 / 李永志著 . — 杭州：
浙江人民出版社，2022.9
ISBN 978-7-213-10073-4

Ⅰ. ①唐… Ⅱ.①李… Ⅲ.①社会生活—中国—唐代
Ⅳ.①D691.9

中国版本图书馆CIP数据核字（2022）第050795号

本书中文简体版由北京行距文化传媒有限公司授权浙江人民出
版社有限公司在中国大陆地区（不包括香港、澳门、台湾）独家出版、
发行。

唐潮：唐朝人的家常与流行

李永志 著

出版发行：浙江人民出版社（杭州市体育场路 347 号　邮编：310006）
　　　　　市场部电话：（0571）85061682　85176516

责任编辑：方　程

特约编辑：魏　力

营销编辑：陈雯怡　赵　娜　陈芊如

责任校对：姚建国

责任印务：刘彭年

封面设计：东合社·安宁

电脑制版：北京之江文化传媒有限公司

印　　刷：杭州丰源印刷有限公司

开　　本：710 毫米 × 1000 毫米　1/16　　　印　　张：16

字　　数：218 千字　　　　　　　　　　　　插　　页：2

版　　次：2022 年 9 月第 1 版　　　　　　　印　　次：2022 年 9 月第 1 次印刷

书　　号：ISBN 978-7-213-10073-4

定　　价：68.00 元

如发现印装质量问题，影响阅读，请与市场部联系调换。

自 序

写这本书是源于我给女儿辅导历史课。当时，我发现一个问题，她对历史教科书的学习仅停留在浅浅的"地表层"：要么是热门影视剧或穿越小说中的"伪历史"，要么是教科书需死记硬背的"知识点"。实际上，这种情况下的学习效果并不好，不仅无法认识历史事实，还可能对历史事实"知其然，不知其所以然"。

于是，这让我产生了一个尽力还原历朝历代百姓生活的想法，以更好地认识和理解当时的社会。而首选唐朝是因为，在教科书和影视节目的宣传下，大众比较熟悉和喜爱唐朝，如疆域广阔、丽质华服、开放自由的繁荣印象，诗酒风流、包容自信、女性意识觉醒的文化气质，以及武则天、李白、杜甫、白居易等熟悉的历史人物，等等。这些内容看似熟悉，却像一堆冷冰冰的标签，让身处现代社会的我们如同旁观者，无法引起更多共鸣。

穿越古今，放眼世界，唐朝被世界公认为中国历史上最强盛的王朝之一。从李渊建唐后的近三百年间，唐朝的疆域总面积最大时达到一千二百多万平方千米。一度拓展到东至朝鲜半岛，西到中亚咸海以西的西亚，南达越南顺化，北接北冰洋一带。唐朝在政治、经济、文化、外交、军事等综合国力方面也备受后世称颂，就如著名思想家王夫之所言："开元之盛，汉宋莫及。"

唐朝初年，随着开朝几任皇帝休养生息政策的贯彻实施，"贞观之治""开元盛世"在中国历史上留下了辉煌的篇章。在唐朝，外来文化大量涌入，中外文化交融。丝绸之路起点长安城，许多外国人进入大唐，交易不断，大量的外来物品传入大唐，丰富了人们的日常生活。一些外国人甚至扎根大唐，带来了各地不同的生活习俗，也传播了大唐的文化、物品和风俗，当时的人们在美食、服饰、出行、婚丧嫁娶等方面都或多或少受到了外来文化的影响。汉族与边疆少数民族的往来也更加密切，民族融合进一步发展。

如此大唐气象，让我们不能不钟情于它。

我在编辑老师的鼓励下，开始有了这本书的框架和内容。这里有美食，有穿搭，有居家，有出行；有家庭，有婚恋，有职场，有教育；有娱乐，有佳节风俗；有城市建设，有制度建设和对外交往。而这些都与普通百姓有着直接关系，也与那个时代息息相关。比如：

唐人餐桌上，哪些肉类备受欢迎？与现代人的吃法一样吗？

唐人也是非常注重个人卫生的，他们如何搞定个人卫生，比如怎么刷牙？

现代的"剩女"现象，在唐朝有吗？如果有，唐朝是如何解决"剩女"问题的呢？

男子娶妻的程序是否特别复杂，都有哪些规矩呢？

士农工商等工作都有哪些做事讲究？

没有飞机、汽车与高铁，唐人是如何游走世界的？

唐人也喜欢晒娃，他们究竟是如何做的？

唐朝的孩子们是如何学习的呢？他们的启蒙教育有哪些内容？

没有自媒体，没有直播，唐朝诗人是如何传播自己的诗歌的？

唐朝公务员有哪些优雅的退休方式？

唐朝大臣们上朝喜欢跳舞，他们为什么这么做呢？

……

还要说明的是，这是一本历史知识普及读本，希望让更多人了解到唐人与我们当下生活相关的历史。

这本书的资料来源有《旧唐书》《新唐书》《太平广记》《全唐诗》《开元天宝遗事》《明皇杂录》《资治通鉴》《唐代墓志汇编》《唐会要》《唐六典》《唐语林》等史料。虽然书中用了一些通俗的描写方法和表达方式，但其中所涉资料均有据可查。

因我有本职工作，仅能在晚上或者周末闲暇时写作，这次把"唐朝之旅"集结成书是对自己十年来业余历史研究的总结，诚惶诚恐。虽已尽力，但谬误不可避免，恳请大家宽容谅解和批评指正。

即为序。

李永志

目　录
Contents

第一章　饮食文化

第二章　服装居家

第三章　出行宝典

第四章　家庭生活

第五章 人际职场

第六章　文教娱乐

第七章　佳节风俗

第八章　城市管理

第一章

饮食文化

一、古人餐桌上的肉食担当是什么？唐人舌尖上的美味肉食

民以食为天，肉为食之先。人类的食生活离不开肉食。肉类在唐人日常饮食中的种类多样，是唐人食馔中不可或缺的"硬菜"。

令很多现代人没想到的是，我们现在食用较多的猪肉在唐朝不太受欢迎，羊肉则是唐人最爱的肉食，而我们偶尔吃的生鱼片在唐朝深受人们的喜爱。

唐人不喜欢吃猪肉

宋朝以前的历史，可以说是一部猪肉和羊肉的餐桌"争宠"史。

猪肉，又称为彘肉、豚肉。秦汉时期，猪肉是人们日常的食用肉类。《史记·货殖列传》中有"泽中千足彘"的说法，讲古人在有水的地方养了二百五十头猪。"泽"是水聚集的地方。这些描述或能从侧面说明秦汉时期的养猪业有了一定规模，规模养殖为人们食用猪肉提供了稳定的肉食供应来源。与此同时，在秦汉出土文物中，也常出现陶瓷猪等物件，佐证了那段时期猪已普遍被驯养的史实。魏晋到南北朝时期，猪的饲养规模逐渐下降，已然落到羊的后面，羊肉在与猪肉争宠中站稳了脚跟，继而影响了其后几百年主要的肉食历史。

在唐人饭桌上，羊肉是人们餐桌上的主力担当。"羊羔美酒"常见于唐代诗人笔端，在《太平广记》中有关羊肉的记载约是猪肉的四倍多，唐人对羊肉的热爱已成为美食时尚。

据后世猜测，唐人不喜欢吃猪肉与诗人杜牧有一定关系。杜牧有位特别爱吃猪肉的朋友，名叫邢群，邢群一天要吃两三顿猪肉。由于古人养猪，常将猪圈和厕所靠在一起，甚至相通。于是，人们很容易将猪和不干净的东西联系到一起。所以，杜牧对邢群爱吃猪肉这件事实在看不下去，于是写信劝阻。杜牧告诉邢群说，吃猪肉对身体不好，"能闭血脉，弱筋骨，壮风气，嗜之者必病风"。杜牧所述的"病风"，与我们现代人常见的慢性病——高血压是一回事。稍有一点健康常识的人都知道，高血压与长期饮食油腻有直接关系，从健康角度看，杜牧的说法有一定道理。后来，邢群确实因病去世。我们无法从史料中得知吃猪肉是否是其病逝的直接原因，但杜牧坚持认为吃猪肉是他的朋友发病和死亡的诱因。于是，在邢群的碑文《唐故歙州刺史邢君墓志》上，杜牧把前因后果说了一通，就这样使得唐人和后世了解到，吃猪肉容易得"病风"。

以上说法或能帮助我们了解唐人较少吃猪肉的原因。从历史发展趋势来看，我们认为最关键的原因是彼（羊）长此（猪）消，因为到了唐朝，羊肉的供给量远远大于猪肉。魏晋以后，草原民族入主中原，中原地区进入了中国历史上一个非常重要的民族融合时期。匈奴、羯、氐、羌、鲜卑等北方少数民族向中原大量迁徙，汉族和少数民族开始了杂居生活，生活方式、社会经济、政治等方面也出现了融合和相互借鉴的情况，而民族融合客观上推动了畜牧业的长足发展。唐朝宰相张说在《大唐开元十三年陇右监牧颂德碑》写道，开元年间，陇右地区饲养的羊从一开始的十一万二千只，发展到二十八万六千只。从陇右地区畜牧业快速增长的程度，大致可以推断出唐朝养羊产业呈现大发展、规模化的趋势。

唐朝养羊产业繁荣，供应链规模化，这些都带来了唐人餐桌上的变化，丰富的羊肉原材料，再加上猪肉不受欢迎，羊肉水到渠成地成为肉食"新宠"。

虽然，猪肉失去了餐桌的肉食主导地位，但因为经济拮据等原因，仍有民众食用猪肉补充肉食需求。那时人们吃猪肉的方式以蒸为主，"馈以蒸豚头，食之甚美"，这是唐人蒸猪头的吃法。[①]《北户录》还记载了一种唐人烹饪猪肉的方法：将带皮猪肉切成五寸左右，炖熟后，再放一升猪油、二升酒、三升盐，小火煮半天，再把猪肉放瓮里，待想要吃时再用水煮一下。

顺便提一下，猪肉从宋朝的苏东坡自创的"东坡肉"开始，其美味被人们重新认识，并受到普遍欢迎。到了明末清初，从达官贵人的饮食中可以看到，猪肉的消耗量开始增加，把羊肉抛在了后面。据记载，乾隆年间的除夕宴会所用肉类食材中，猪肉六十五斤，羊肉二十斤左右。可见，猪肉重新夺回了餐桌肉食的宠爱，拥有重要地位。到了现代社会，猪肉价格的上涨已上升到影响民生的程度了，猪肉对民众的生活极其重要。

羊肉是唐朝肉食的"扛把子"

到了唐朝，羊肉在北方已成为从王公贵族到普通百姓偏爱的主要肉食。《齐民要术》中记载了不少以羊肉为主料或者配料的肉食加工方法，如肉酱法、脯腊法、羹、奥肉法、糟肉法、苞肉法等。因缺乏较为详实的史料描述，我们只能从文字中推测，唐人在羊肉吃法上方式较多。至今，唐人有几种流传于世的做法，包括"红羊枝杖""浑羊殁忽""过厅羊""绯羊""古楼子"等。具体记载如下：

唐中宗景龙年间，长安城的世家子弟韦巨源在自己家中宴请唐中宗，留

---

① 豚为猪，参见《全唐诗补编·第三编·全唐诗续补遗》之"蒸豚"篇。作者在文中谈到吃猪头的好处，故事的主人公还要求一边吃猪头一边作诗（"公令赋蒸豚诗"）。诗曰：嘴长毛短浅含膘，久向山中食药苗。蒸处已将蕉叶裹，熟时兼用杏浆浇。红鲜雅称食盘钉，软熟真堪玉箸挑。若把膻根来比并，膻根只合吃藤条。

下一册《烧尾宴食单》。这张宴食单中有一味菜叫作"红羊枝杖"，"枝"有支持之意，"杖"有扶持一说。大意为四只羊蹄支撑羊的躯体，这可能就是"烤全羊"吧。

晚唐人卢言在《卢氏杂说·御厨》中提到在唐朝较为流行的"浑羊殁忽"的做法，这是比烤全羊更复杂的吃法：取与客人人数等同的童子鹅，用开水烫童子鹅后去毛，取出鹅的五脏，这时往鹅肚里填上肉和糯米饭，再用各种佐料调好。以上事情准备好后，将一头羊剥皮去毛，取出五脏，将已备好的童子鹅放入羊的肚中并缝合好，再放到火上烤。待羊肉烤熟将羊剥去，取出羊腹中的童子鹅分给众人捧在手中吃。

唐朝曾有一种叫作"过厅羊"的羊肉吃法，与"浑羊殁忽"的奢侈不同，它显得很是精致和贴心。后唐冯贽的《云仙杂记》记载，有一个叫熊翻的人，每次请客时都会宰杀一头羊，并请客人根据自己的喜好割下指定位置的羊肉，用彩带系好作为记号后送入厨房蒸熟，再端到厅堂，由客人认领自己刚才指定位置的羊肉，用刀切而食之。据说，这种吃法在唐朝文人圈里非常盛行。

不过，要论吃羊肉工艺的精细程度，要数"绯羊"的做法。宋朝文人陶毂撰写的《清异录》有这样的记载："以红曲（即酒糟）煮肉，紧卷石镇，深入酒骨淹透，切如纸薄，乃进。"唐人使用酒糟炖肉，然后卷成卷，并使用石头压着肉，这样才能将酒味儿压到肉里，吃时将压好的肉切成像纸一样的薄片，类似火锅店的羊肉卷。红曲，又名赤曲，通常以籼稻、粳稻、糯米等稻米为原料发酵，是酒糟的一种，可以"主治消食活血，健脾燥胃"。如此说来，唐朝的"绯羊"还真有保健作用。

羊肉还有与大饼结合的吃法。据《唐语林·卷五·补遗》，唐朝的一些豪门，把一斤羊肉放至胡饼中，再放一种叫作椒豉的调料，然后将它放在炉火中烧，待肉半熟就可以吃了。唐人将饼和羊肉结合的餐食叫作"古楼子"。

　　羊肉吃法繁多，极受唐人欢迎。封建王朝，官员的饮食情况是当时主流社会饮食的风向标。据《唐六典》记载，朝廷每个月要给亲王"羊二十口，猪肉六十斤，鱼三十头"。每头羊按三十斤计算，每月提供羊肉需六百斤，猪肉才六十斤，羊肉供给是猪肉的十倍。很明显，羊肉较猪肉、鱼肉，在唐朝官员肉类饮食中占据主导地位。有人据此推断，唐朝贵族是吃猪肉的，但是越来越多的史料显示，这些猪肉主要是给亲王府中的奴婢食用。此外，朝廷给三品至五品官员只供羊肉，三品官每月给羊十二只，四品官和五品官每月给羊九只。另据《旧唐书》记载，朝廷向百岁以上老人赏赐的物品中有羊和酒，"百岁以上，赐米五石，绢二匹，绵一屯，羊、酒……"。

　　除了官场上流行发羊肉福利，我们也可以从售卖场所了解到羊肉受普通百姓欢迎的程度。在唐朝，胡姬酒肆中有羊肉食品的贩卖。唐朝诗人贺朝的《赠酒店胡姬》写到："胡姬春酒店，弦管夜锵锵……玉盘初脍鲤，金鼎正烹羊。"有一个夜晚，在一家酒店中，胡姬们向客人献上"金鼎烹羊"的胡人特色菜。因为胡姬酒肆普遍存在于唐朝的主要城市中，他们的售卖带动了吃羊肉的生活习俗，也说明人们在日常生活中对羊肉的偏爱。人们聚餐时也以羊肉为主要下酒菜。据《太平广记》载，很多道士在冬夜里畅想着吃羊肉喝美酒，"冬之夜，霰雪方甚，二三道士围炉，有肥羚美酝之羡"。这说明唐朝羊肉的普及度相当高了。

　　羊肉已成为上至朝廷下至百姓餐桌上的主流肉食，并从北方拓展到南方，形成了唐人食用羊肉的风潮。那么，南方的肉食中除了羊肉，还有哪些呢？

唐人爱吃生鱼片

　　唐人爱吃羊肉的风俗从北方逐渐南移，南方人喜欢吃鱼的习惯也逐渐北迁，形成南北肉食习俗的融合。

诗人张籍的"秋田多良苗，野水多游鱼"，描述了唐朝鱼类的丰富。鱼因取材方便和肉质鲜嫩，使其在唐人餐桌上占有一席之地，食鱼之风盛行，甚至在一些地区存在"无鱼不成宴"的习俗，这习俗在当今的中国南方仍有保留。因为唐朝的渔业发达，朝廷专门设有"鱼师"，为皇室供鱼，并管理全国渔业。在民间，渔民专事打鱼，是除了农民外，非常庞大和重要的一个工作群体。

鱼在唐朝还有寄托感情的社交属性，比如，皇帝赏赐鱼来褒奖臣子，普通人之间也会把鱼作为相互馈赠的礼物。唐代诗人孟浩然就曾写下"欲济无舟楫，端居耻圣明。坐观垂钓者，徒有羡鱼情"的诗句，以鱼寓意对得到张九龄赏识的期待，也表达了想要有一番作为的志向。

在鱼的吃法上，唐朝形成了多种烹制鱼的方法，比如脍、蒸、煎、煮、炮等，其中最有代表性的是"脍"——把鱼细切成丝或片生吃。制脍、食脍就是想办法制作生鱼片。

对于生鱼片深受唐人喜欢的原因，在白居易《想东游五十韵》一诗中可以找到，其中写道："脍缕鲜仍细，莼丝滑且柔。"点出了生鱼片鲜、细、滑、柔的四大特点。吃过生鱼片的现代人能理解这四点，这也恰是生鱼片吸引人之处。

做生鱼片的鱼类品种如何选择呢？《酉阳杂俎》记载："脍法，鲤一尺，鲫八寸。"意思是说，做生鱼片，原始材料最好是一尺长的鲤鱼，或者八寸长的鲫鱼。唐朝杨晔在《膳夫经手录》中提到适合做生鱼片的鱼类："鲙，莫先于鲫鱼，鳊、鲂、鲷、鲈次之，鯮、鲩、鲮、黄、竹五种为下。"杨晔写的《膳夫经手录》成书于公元856年，在书中没有提鲤鱼，或与唐朝的避李姓国讳有关系。而《酉阳杂俎》的作者为晚唐时期人，对鲤鱼避讳这事并不在意，从这些史料推测，唐朝晚期对吃鲤鱼并未严格限制。

生鱼片的做法，有一种叫作"金齑玉脍"。据《隋唐嘉话》记载，他们在生鱼片中加入佐料后，再将橙子撕成一条一条的，加入其中搅拌。王昌龄用"青鱼雪落鲙橙齑"描述了这种做法。

唐人爱吃生鱼片，但生鱼片吃多了不易消化，也容易生寄生虫。吃生鱼片，虽可满足味蕾，但也存在一定的健康风险。李时珍在《本草纲目》中警告世人，吃生鱼片容易得病，"为症瘕，为痼疾，为奇病"，容易患上难以治愈甚至致死的疾病。到了明清，随着鱼类烹饪技术的发展，熟鱼已逐渐取代了生鱼片，每每餐食，无鱼不欢，吃鱼成为人们生活饮食中不可或缺的部分。

除了羊和鱼以外，现代人喜欢吃的牛肉，唐人喜欢吃吗？答：唐朝能吃到牛肉的人少之又少，因为朝廷禁止吃牛肉。在农耕社会，牛跟人一样，是非常重要的劳动力。向前代追溯，自汉代开始禁屠牛，唐朝严格执行禁屠牛政令。由此，人们大张旗鼓吃牛肉的可能性比较小。在此等大环境下，牛肉虽好，但仍无法成为唐人餐桌上的主流肉食。

二、唐朝的主食与现代有什么差异？ 唐人的主食之旅

每个时代的饮食习惯或多或少能折射当时的社会发展情况，就唐人的餐桌饮食丰富程度看，唐朝民众的整体生活水平较前朝有了极大改善，这一点在主食上的表现较为突出。唐人的主食有哪些呢？唐人主食发生了哪些变化呢？与现代人的主食结构相比有哪些差异？

粟米、稻和小麦三足鼎立

中原民众一直把谷物作为主食资源，这是从古至今的传统和生活方式。到了唐朝，逐步形成粟米、稻和小麦三足鼎立的主食资源结构，这一点与现代几无差别。

唐朝之前，人们的主食种类较少，北方地区广泛种植粟米（又称小米），粟米饭就是人们的主食。到了唐朝，上流社会的主食是粳米，而粟米饭是底层民众的"家常饭"。从先秦到唐前期，粟米占据了餐桌主食宝座长达千年。人们之所以选择粟米作为主食，主要是因为粟米适合北方种植，耐旱耐贫、产量高且稳定。唐初的税收政策中，明确规定唐人用粟缴租，"每丁岁入粟二石"，这也说明了在唐朝主食序列中粟米有不可替代的地位。

随着全民的休养生息，唐朝农业经济快速发展，在谷物的种类有所增加的情况下，北方粮食以粟、麦为主。此外，唐朝的稻米地位也在持续上升，但因未大面积种植，稻米价格要比粟米、小麦贵一点。简而言之，在唐朝，最终形成了粟、麦、稻三足鼎立的主食结构。

唐人是"饼控"

唐代的饼花样繁多，品种有：胡饼、煎饼、蒸饼、汤饼、烧饼、髓饼、乳饼、膏环、薄饼、笼饼……唐人制作饼类的丰富程度远超我们想象，最有代表性的是蒸饼、煎饼、汤饼和胡饼。

据赵璘所撰文言笔记小说集《因话录》记载，唐人"世重饼啖"，这是唐人爱饼的真实论断。饼对于唐人而言，绝对是主食担当。他们可以单独吃饼，也可以饼配菜。白居易说的"午斋何俭洁，饼与蔬而已"，反映了唐人面食和蔬菜搭配的吃法。

蒸饼在唐朝是十分受欢迎的主食之一，"笼蒸而食者呼为蒸饼"。对于唐人而言，蒸饼是用笼蒸熟的面食，包子和馒头均属于这一类。这是上至达官贵人，下到平民百姓都喜欢的主食。《太平广记》中记载了唐朝姓崔的一家人吃饭的情形，做的是蒸饼，有六七碟小菜和酒搭配。这是唐人的日常生活。

唐代有售卖蒸饼的店铺。据《桂苑丛谈》载，唐高宗时期有位外号"邹骆驼"的商贩，家住长安城靠近西市的怀德坊。他天生残疾，两肩高耸，背部弯曲，家境贫寒，靠卖蒸饼为生，每天黎明时分推小车卖蒸饼。这些普遍售卖的商业交易情况，说明蒸饼的流行度较高。

除了蒸饼，唐人还喜欢吃煎饼。据《太平广记》载，一个名叫孙光宪的人，一边吃着家人制作的煎饼，一边在炉火边取暖。这则轶事说明在家做煎饼是唐人家庭的一项烹饪技能。不仅百姓在家中制作煎饼，朝廷对煎饼也很重视，官府有给官员的煎饼福利。在《唐六典》中有记载，光禄寺为百官配置的膳食中，就有在正月七日、三月三日配发的煎饼。

当然，唐朝还有一种汤汤水水的饼类，被称为"汤饼"，比如水煮面条、面片等。欧阳修对汤饼的研究结论是：汤饼，唐人谓之为不托。这"不托"，有点类似现代拉面或者刀削面。唐诗中常有关于汤饼的记载，比如"菊花辟恶酒，汤饼茱萸香"，描述了吃汤饼的情景。当然，汤饼也在唐朝食肆中售卖。据《太平广记》载，"……宿一村店，其日雪甚，令主人造汤饼。"意思是在一个雪天，有位唐人露宿一个村庄的旅店，他要这家旅店的主人给他来点汤饼。

汤饼可以解决温饱问题，吃汤饼也是唐人特定时期的风俗。在生日时，唐人喜欢用汤饼来庆祝。清金埴《巾箱说》中记载，"今人生朝，设汤饼宴客，在唐时已行之。"说明了清朝人过生日时吃汤饼的风俗，可追溯到唐朝。同时，唐朝医生认为汤饼可以作为保健品使用。唐朝的医学书籍《食医心鉴》中，提到以饭养胃，可用汤饼治疗脾胃气弱、见到食物呕吐和瘦弱无力的状况。这体现了中国"药食同源"的饮食思想。

　　此外，在大唐还流行胡饼这类时尚主食。胡饼是自汉朝起由西域传入的，到了唐朝，胡饼有点类似在某种容器中烤熟的饼。白居易《寄胡饼与杨万州》所言："胡麻饼样学京都，面脆油香新出炉。"说明胡饼是用火炉烘烤而成的。

　　对于唐人爱吃胡饼的记载非常多。据《入唐求法巡礼行记》："开成六年正月六日，立春节，赐胡饼、寺粥。时行胡饼，俗家亦然。"说的是在寺庙里和民众中都流行吃胡饼。唐人偏爱胡饼的原因有二，一是胡饼耐储存，容易携带外出，不会动辄坏掉。白居易把胡饼邮寄给远方的朋友即说明这个道理。二是吃起来容易饱，耐饥饿。

　　食物的交融是一种文化传承，唐朝的一些主食也都带着"胡"的特色，如胡饼、胡麻饭等，可见人们对外来物种的接受程度高，而外来的人们也把唐朝的食物吃法带回自己的国家，就这样不断催生新的食物种类。

　　唐人的饼类制作越发精致。例如，在《酉阳杂俎》中记有一种五色饼，具体的制作方式为：刻木莲花，藕禽兽形按成之，合中累积五色竖作道，名为斗钉。色作一合者，皆糖蜜。五色饼的制作从形状、颜色到配料，字里行间都让人感受到一种特别精致的味道，这份精致业已远超当时人们对温饱的追求。

米食的爱好

　　除了小麦做成的饼类，米食在唐人看来也是不可或缺的。饭是将谷物颗粒煮熟或蒸熟，不同产区的谷物颗粒也不同，稻米产区多以稻米为主，粟米产区多是粟米饭或黄米饭。唐人吃饭时一般都会配有菜肴，有的喜欢将米食与鱼产品搭配，王建在《荆门行》提到"看炊红米煮白鱼，夜向鸡鸣店家宿"，许浑在《夜归驿楼》中提到"早炊香稻待鲈鲙，南渚未明寻钓翁"，说的就是南方"饭稻羹鱼"的传统饮食习俗。

　　稻米饭所含营养成分相对较高，口感较好，属于精粮，在唐人饭类食品中占据高位。但是，由于初期稻米产量较小，并非平民百姓的经济条件所能负担得起的。我们从唐朝稻米与粟米的价格差异上，也可看出稻米在唐人餐桌上的贵重程度。《入唐求法巡礼行记》多次记载了僧人圆仁所见的粮市及粮价情况，莱州"城外西南置市，粟米一斗五十文，粳米一斗九十文"。吃上一顿白米饭，对于普通平民百姓来说是一种奢侈，而粟米作为平民百姓经常食用的主食品种，经常出现在唐朝史料中。《入唐求法巡礼行记》中提到，"山村县人，殆物粗硬，爱吃盐茶粟饭"，即为此证。

　　除稻米饭、粟米饭外，唐人也会吃什锦饭。唐人制作什锦饭的选料比较丰富，他们将鱼、肉、菜、奶等料一起烩煮。当时，广西流行的什锦饭多以荷包饭的形式出现。它把米饭、杂鱼、肉等以荷叶包裹，使用蒸的烹饪方法，饭香味美。

　　唐人食用粥的情况非常普遍。粥一般是颗粒食物，有以整个颗粒进行熬制的，也有碾碎成粉再进行熬制的。"粥美尝新米"的白居易即是喝粥达人。在唐人看来，喝粥不仅能填饱肚子，还有养胃等食疗作用。比如，用梨熬粥，可治疗烦躁。又如《全唐诗》中记载了白居易的食疗方法，"……乳和地黄粥。岂惟厌馋口，亦可调病腹"。这段内容，说的是唐人用黄牛或水牛的乳汁与粥一起熬制，能治病。李时珍的《本草纲目》中也提到了喝粥可以"补益劳损，润大肠，治气痢，除疸黄"。

　　中国古代的饮食文化到了唐朝，已进入一个花样百出、推陈出新、精致制作的时期，主食的变化尤能体现时代的变化。

三、进餐方式在唐朝发生哪些转变？唐朝社会的会食风俗

　　唐玄宗开元年间，宰相卢怀慎自认为才干不如另一位宰相姚崇，于是事事听从姚崇的决断（"每事推之"），时人称卢怀慎为"伴食宰相"，讥讽他碌碌无为，只有陪伴姚崇"会食"的能力。事实上，史书中对卢怀慎的评价还是较为正面的，认为他是唐朝比较清廉的宰相。其中提到的会食，是唐人的一种饮食方式，对后世影响较大。唐朝是中国人从分餐制转变为聚集会餐的一个重要阶段。

　　那么，唐朝的会食是什么样的？为什么能延续至今？

唐朝开启千年"会食"

　　在唐朝之前，人们分餐饮食，席地而坐，面前摆着一张低矮的食案，一人一案，食案上有餐具。到了唐朝，人们围桌就餐，但仍延续"分餐"的办法，各菜分到每个盘里，这是唐人的会食方式。宋朝以后，人们聚餐，无论在家中还是在餐馆，一般围桌就餐，一边谈论交流一边享受美食。这种在一个盘子中共餐的方式，成为中国的饮食传统。

　　唐人的会食方式或是从官场衍生出来的。《唐会要》记载："贞观四年十二月，诏所司于外廊置食一顿。"外廊置食，被认为是食堂就餐的雏形，是唐朝的官场"会食"。还有记载称唐太宗李世民非常勤勉，忙于政务，退朝时已到中午，由于那时官员们上朝太早，政务繁多，上班时间被拖长。就这样，大家误餐了。于是，李世民下令，官员们下朝后可享受一顿免费工作

餐，这也是会食的由来。唐太宗时期，会食方式从中央推行到地方州县，演化为唐朝的食堂定制。这样有利于解决官员工作时用餐不便的问题，还有利于官员交流，借此议论非正式的话题。晚唐蔡词立的《虔州孔目院食堂记》记载："京百司至于天下郡府，有曹署者，则有公厨。"从作者所在年代可见，从初唐到晚唐，官员食堂未曾荒废，并为此后的朝代提供了参考。

故可知，官场的"会食"是指官员在工作餐时间围在一起吃饭，一边吃饭，一边讨论政务。"会食"既解决饿肚子问题，又成为工作的另外一种延伸。

甘肃敦煌473窟出土的墓室壁画《野宴图》①

为什么会食能在唐朝开始流行？史料记载的李世民推行免费工作餐或是官场会食的一个由头，这具备一定的偶然性，而我们认为最主要的原因是餐桌的变化改变了人们的饮食方式。在分餐饮食方式中，人们使用低矮桌子就餐。唐朝出现了高足的长桌和长凳，这些家具的产生，冲击和改变了唐人的就餐方式。于是人们从跪姿、席地而坐的方式改为坐姿，从分散改为聚集到一起，形成了会食的饮食方式。从出土的墓室壁画中可以发现，唐人围着一

_____

① 该图描绘多人在一张长桌前准备进食的场面，每人面前都摆着匕和箸。

个长桌就餐,桌子两面各有一条长凳,人们一起坐在凳子上。从墓室的时间推断,最晚在唐朝中期,唐人已有人抛弃席地而坐的分餐方式,采用了壁画中所示的会食方式,这样的方式沿袭至今。从以上分析判断,餐饮家具的演变是会食习俗的重要推手。

不过,唐朝的会食与现在的聚餐仍有差异。唐人的就餐方式是大家在一张桌子上,或者距离靠近一点,但是保持一人一份食物的分餐习惯,即"会食为名,分餐为实"。在2020年疫情期间,就有专家呼吁恢复唐人的此种会食方式,既有卫生保障,也不影响人们的社交关系。如今很多城市提倡使用公筷夹菜到自己的餐具中,再使用自己的私筷就餐,就这样实现了社交和卫生的两全其美。

官员会食的功效

唐朝的官员在食堂会食中,除了进行日常交流,更重要的任务是讨论政务,"因食而集,评议公事"。食堂制度推广开以后,从中央机构到地方机关,都为官员们提供了非正式的评议公事的聚会场所。官员们在一起吃饭,同时也能在轻松氛围下讨论政事。

翻阅唐朝会食方面的记载,讨论的内容较为琐碎,讨论工作的偏多。他们会讨论有疑点的事情,也会讨论可能冤枉的官司,还讨论治下风俗未开化的事;当然,也会讨论存在弊病的官吏治理事宜,该表扬的、未表扬的人或事,或者没有处理掉的坏事,等等。对于官员们来说,会食之处实则另一处讨论政务的工作场所。

除了审议政务,在食堂吃饭也有礼仪教化的作用。唐朝的官场和民间,均非常重视吃穿住行等各方面的礼仪教化。正如柳宗元在《盩厔县新食堂记》中所言的,要求就餐过程中"升降坐起,以班先后,始正位秩之叙",坐有坐相,吃有吃相,不能乱坐,不能乱说话。从饮食方面判别一个人,在吃穿住行中教化人，吃列第一位。"由饮食以观礼，由礼以观祸福"，这就是唐人认为会食的礼仪教化作用。

当然，会食也有社交目的，职场上把这叫作"建立小圈子"。人们围坐在一起吃饭，轻松交流感情，有了同僚之乐，便能获得更多的信息。

会食标准和资金来源

唐朝不同品级官员的会食待遇标准不一样，从高到低逐级下调。据《唐六典》记载，四品至五品的会食标准是菜肴七盘、细米二升、面二升三合、酒一升半、羊肉三分、瓜两颗；六至九品的会食标准是菜肴五盘、白米二升、面一升一合、油三勺等。数量多寡暂且不论，从白米和细米的差异就可以看出品级差异。按种类来分，会食餐大致分为宰相会食餐和普通官员餐两大类。

自唐朝开始，宰相不是一个人，而是一群人参与决策，即所谓群相制，宰相会食人数也根据当时宰相人数确定，宰相们聚集在一起享受工作餐。很明显，按规定，宰相的堂食规格要远远高于普通公厨的饭食，于是，有的官员发起"议减其料"弹劾，认为宰相的会食奢侈，待遇偏高，须进行削减，但史料未见下调宰相待遇的文字。

宰相的会食规矩的确多。《新唐书》记载，"初，政事堂会食，有巨床"，宰相在政事堂等办公地点就餐，且须在全体宰相到齐后才能动筷，不应无故缺席；此外，百官在宰相会食期间不得谒见。而百官的会食，就如同大杂烩，会食地点基本集中在官府的公堂或者食堂，也没有那么多规矩。

那么，会食的费用来自哪里呢？据《唐六典》，百官会食的供应单位为光禄寺，食料全部由国家供给。平时每日三只羊，六参日[1]加羊一只，每正

---

[1]　唐朝制度规定，凡武官五品以上及折冲当番者五天一次朝见皇帝，一月计六次，故称六参。

冬寒食三节，皆给饼……柳宗元的《螯屋县新食堂记》就记录了一个新食堂建成用于会食的事情。唐中期前，朝廷拨款给地方作为会食的本钱叫作"食本"，可以理解为"吃饭的钱"。一般情况下，这"食本"会进入各地的"公厨"经营管理，由公厨负责部门自行放贷，由官府运营高利贷收取利息作为会食的成本。

官府放高利贷，有运营较好的，那么此地官员们的会食待遇标准可能会提升；也存在运营出现亏损的，这将影响此地官员餐饮质量。在亏损发生后，经州县向上申请，朝廷或能添加点"食本"弥补漏洞。

唐后期，战乱导致经济滑坡，国家财政无力额外补贴会食费用，地方官员的公厨费用由地方官府自行筹备，不再由朝廷拨款。这吃得好与坏，与当地的财政情况紧密相连。

四、如果回到唐朝喝茶，你会习惯吗？ 唐人喝茶的风雅学问

茶是唐人除酒之外的另一重要饮品。中国人饮茶之风历史悠久，起源于汉晋而兴于唐，这与唐人茶叶种植、南茶北调和茶产业链的发展有着密切联系。唐人喝茶蔚然成风，带动了种植、生产、销售等一系列重要产业，茶也成为唐朝商人向周边国家倾销的重要物资。那么，唐人如何喝茶的呢？唐人的喝茶文化又是什么？

茶道大行其道

《全唐诗》记载的有关茶的诗有五百九十二首，说明唐人对茶之偏爱。

晚唐杨华在《膳夫经手录》说道："开元、天宝之间，稍稍有茶；至德、大历遂多，建中以后盛。"这为唐朝喝茶之风兴盛的时间段提供了参考。

喝茶这件事南北差异较大，南方人爱喝茶，北方人却不甚喜欢。随着交通运输的发展，南北交流的加强，茶叶贸易的繁荣对茶道推广有加速作用。到了开元、天宝年间，北方人开始向南方人学习喝茶，逐渐掀起了喝茶高潮。那时茶商活跃在唐朝各地的茶叶交易中，白居易《琵琶行》一诗中的"商人重利轻离别，前月浮梁买茶去"，即说的是商人们因为利润巨大，离家外出，投入轰轰烈烈的茶叶交易中。唐代笔记小说集《封氏闻见记》中有"其茶自江淮而来，舟车相继，所在山积，色类甚多"这样的内容，描述了从南方向北方运输茶业的场景。

陆羽《茶经》面世是古人喝茶的分水岭，这本书首次对茶道进行系统化描述，从起源、工具、制作、使用器皿、烹煮、饮用等方面，高品位、全方位地指导世人喝茶。

但是，唐人喝茶与现代人喝茶方式差异较大，茶水不用沸水冲泡，而是采用煎茶法，即在水中加入姜、盐、葱、橘皮、枣一起煮，也有人喜欢在茶中加入酥椒等。唐代诗人用自己的文笔记录了唐朝的煎茶佐料，薛能在《蜀州郑史君寄乌觜茶因以赠答八韵》中提到："盐损添常诫，姜宜著更夸。"可见在茶中添姜在当时比较流行。唐中期后，陆羽认为加入佐料对茶原本的味道是有损失的，提倡不加佐料的精煎细烹，只是加点盐调调味。之后，放辛辣佐料的煎茶做法越来越少。

喝茶是唐人休闲、见客、会友、宴席的首选，张谓用"喝茶胜喝酒，聊以送君归"来表达自己对朋友的深情厚谊。文人之间也会相互邮寄茶叶，表达感情和分享心得。比如柳宗元有《巽上人以竹间自采新茶见赠，酬之以诗》，一首诗和一些茶叶的往来，成为诗人们之间的雅事。从诸多赠茶的诗作中也能看出，那时喝茶、赠茶已成为唐代文化人生活圈中常见的现象。

茶是唐人家中的常备用品，自唐起饮茶成风。《旧唐书·李珏传》记载，在唐朝，茶如同人们日常生活中的米、盐一样，已成为不可缺少的物资，就连田间农家也嗜好喝茶。

唐朝政府的贡茶制度在客观上推动了茶叶的流通。唐朝的贡茶制度要求分散在各地的茶场每年定期上供优质茶叶，结果是朝廷喜欢的东西，民间必定趋之若鹜，喝茶之风得以传播。事实上，喝茶也是养生修身之事，这与茶的功效有关。

茶之疗效

泱泱中华，有数千年的饮茶史，相传起于神农氏。陆羽在《茶经》中载："茶之为饮，发乎神农氏。"《神农本草经》曰："神农尝百草，日遇七十二毒，得荼（茶）而解。"茶，从发现之初就是作为一种良药使用的。在唐之前，人们不习惯饮茶，喝茶多是为了治病，比如在南北朝时期就有这样一则关于喝茶的故事：有一位叫王蒙的人爱喝茶，还特别好客，喜欢邀请别人喝茶，一旦有人经过他家门口都要邀请去喝茶。但是，被邀请的人未必喜欢喝茶，觉得没病没灾喝什么茶，但是碍于面子也随王蒙进屋喝了点。后来，被王蒙邀请喝茶的人总是打趣他说，你又要遭受水厄（即水难）。从这个故事可以看出，那时的人们并没有把茶当成饮料。

到了唐朝，陆羽等人认为茶有洗涤自身、祛除烦恼的作用，喝茶的各种功效被逐渐挖掘出来。唐人在精神层面对茶的功效进行拔高阐述，认为"茶为涤烦子，酒为忘忧君"，这是白居易好朋友施肩吾的观点。唐人裴汶对茶性的体验为"其性精清，其味浩洁，其用涤烦，其功致和"，这更应和了唐人在茶道上的精神追求。在嗜茶人看来，喝茶可以祛除心中的郁闷，带来全新的心理感受。

除此之外，唐人得出了茶有提神、减肥、止咳祛痰、明目的功效。提神比较容易理解，且备受唐人重视。李德裕在《故人寄茶》中提到的"六腑睡神去，数朝诗思清"，说的是诗人喝了茶后感觉提神，睡意全无，才思涌动。唐朝医书提到"久食令人瘦，去人脂"，说明唐人认识到了喝茶有减肥的功效。

茶的产业链

唐朝的茶树，起初种植在寺院。寺院占了天时地利，其在深山老林的地理位置和茶树的生长环境契合，武夷茶、普陀茶均为寺院茶叶的代表。而未能在民间种植、种植量少是唐初茶未能全面推广的原因。到了晚唐时期，民间有了大规模的茶树种植，人工栽培的茶树已遍布十四个省。

此外，交通是制约茶业发展的重要原因之一。茶叶有了，唐朝运输困难问题也得到大幅度缓解。比如，隋炀帝开凿的大运河在唐朝被充分利用起来，广通渠、永济渠、通济渠、邗沟及江南河等五条运河，与长江流域打通。这样，整个内陆水域基本连通，物资运输方便，极大地推动了茶叶的流通。

为了喝茶方便，唐人除了在家使用喝茶的器具，还会在一些人口密集的地方建立茶馆、茶肆、茶室、茶房。就这样，唐朝社会的饮食界添了新宠，大唐人也有了除喝酒之外的另一种文雅所在。《旧唐书》记载的"永昌里茶肆"即说明茶肆在当时已出现，而日本圆仁和尚更是以一名外邦人的身份，在《入唐求法巡礼札记》中把大唐茶肆分布情况记录在案，有"……遂于土店里任吃茶"之句。

茶树种植从寺庙到民间，茶叶运输从南方到北方，从生产到销售，从销售到服务，茶叶产业链为唐人的喝茶生活奠定基础。就这样，茶叶走进了大唐人的生活中。

唐朝的喝茶风气兴盛，这与茶本身寓意有关，与唐朝政府的倡导有关，与交通便利有关，与文人雅士的推动有关，与陆羽《茶经》有关。一切的偶然和必然，裹挟着茶文化，成就茶的传承。在唐朝，茶已不再是单纯的饮料，也不仅仅是柴米油盐之类的家庭日用必备品。唐人把喝茶的意义上升到自我修养的层面，称其为茶道或茶艺。在他们的眼里，喝茶的实用性重要，但是审美更加重要，水的准备、器皿、流程、色味等每一个环节都要追求极致。这寄托了人们在饮食温饱之外对个性与精神世界的追求。

五、无酒不欢的唐人是如何喝酒的呢？ 大唐的酒风酒俗

在中华五千年的历史文化中，酒和酒文化占据了一席之地。人们的生活中离不开酒，在唐朝，酒是排在茶水前的首选饮品。

其实，唐人喝酒这件事与现代还是有差异的。他们有着无酒不欢的态度，秉承了豪迈开放的时代风格；他们的家酿酒备受欢迎，碾压了官方出品；他们喜欢喝米酒，也会尝试葡萄酒，更偏爱自己特制的酒；敬酒、陪侍和酒令这些酒俗为唐人的酒局更添了风采。

家酿、官酿、民营

唐朝人的生活中离不开酒，饮酒是当时一种非常普遍的社会现象。唐朝的酿酒技术已逐步成型，到了宋朝基本定型。在酿酒的发展史中，唐人的家酿、官酿和民营三种方式都占有一席之地。

家酿情况较为普遍，在农业社会中，用粮食酿酒是很多人家里极为容易掌握的技术。除了专业酿酒的店铺，一些官宦之家和富有人家会在自己家搭建酿酒设备，自己酿酒。

唐人多喝家酿的主要原因是，用粮食酿酒本身技术含量不高，家酿又是为自己家消费，不存在偷工减料的情况，质量也较好。

比如，有一位叫作焦革的人善于酿酒，他的顶头上司王绩原来非焦革的顶头上司，为了喝上焦革酿的酒，专门调配了岗位。在焦革去世后，王绩立杜康祠，祠堂内以焦革配享。"何以解忧，唯有杜康"，这杜康祠的设立，实则是对擅长家酿酒的焦革的高度褒扬。唐人也经常用家酿招待贵客，如刘禹锡有诗句"若倾家酿招来客"。

官酿是由朝廷或各级地方官府负责的。唐朝在政权成立之初就设置了负责酿酒和酒务的官员，这些官员负责朝廷、地方的公务招待用酒。招待用酒分为御酒和地方官酒，其中，御酒主要供皇帝日常饮用，也会用在皇族家宴、宫宴和赏赐等场合，其质量必须优先保证。地方官酿的质量可能是参差不齐的，元稹用诗句"官醪半清浊，夷馔杂腥膻"说出了有些地方官酿质量低劣的现实，白居易则用"浊水"形容它。

顾名思义，民营酿酒是民间酿酒和销售的统称，一般的酒肆、酒楼中具备酿酒条件的，都会自家酿酒，打上标牌，成为店里的特色营业项目。民营酿酒数量众多，采购方便，占据了商业用酒的市场，人们也可以根据自己的经济情况和需求采购不同质量的酒。

米酒、果酒、特制酒

唐朝的酒大致可分为三大类：米酒、果酒和特制酒。三者的饮用区别在于米酒低端且产量多，果酒高端但适用范围窄，而特制酒有特定用途。

米酒作为谷物发酵酒，即我们现代人经常提到的黄酒。米酒又分为清酒和浊酒。民众喝工艺粗糙的浊酒，而对于文人雅士、达官贵人而言，黄酒是佳选。浊酒中浑浊的东西就是酒渣，所谓"绿蚁"可能是浊酒中的微生物。白居易诗中提到"绿蚁新焙酒，红泥小火炉"，应是指唐朝市面流行的酒。

有的唐人通过加温、过滤等方式改变浊酒的喝法。

从味觉角度来看，唐朝米酒甜度高，酒精度低，属大众酒。唐人喝米酒可用斗来计算，喝多少斗而不醉，是衡量酒量的评价指标。比如，李适之"喝酒一斗不乱"，崔恭礼"喝酒过斗"，都是对唐朝人酒量的描写。

唐朝的果酒与现代葡萄酒口感比较接近，对于唐人来说，这绝对是稀罕货。王之涣的"葡萄美酒夜光杯"中，夜光杯是玻璃制品中的高端货，价值不菲，用这么高端的杯子喝的酒，也应贵重。葡萄酒来自西域，李白也曾说"葡萄酒，金叵罗，吴姬十五细马驮"，侧面说明了此酒的珍贵。唐太宗李世民攻破了高昌国，得到葡萄种子，便种在皇宫中，葡萄酒的酿造技术也被带到了中原。

此外，唐人喜欢喝特制酒。所谓特制酒，是在米酒的基础上，加入药材、香料等调制出的酒。药酒是特制酒的一种，起源于商朝，历史悠久；到了隋唐，药酒才被广泛应用，这或与孙思邈的研究成果有关，仅他的医药著作《千金方》中就有八十多次提到药酒。药酒除了能治病，也是养生、交友的佳饮。"客来初夜里，药酒自开封"，说的就是用药酒招待客人的事情。

特制酒中，还有一种是与松树有关的。唐人喜欢用松树的球花酿出松花酒，"何时故山里，却醉松花酿"，表达了那时的人们对松花酒的神往。松针和酒配置酿酒，松针中挥发的油和乙酸龙脑酯（松木香气，有樟脑似的提神作用）混合，香气扑鼻，被唐人用来提神醒脑。除此之外，唐人也会使用松脂酿酒。总体来说，特制酒的搭配花样较多。

敬酒、陪侍、酒令等唐朝酒俗

唐人喝酒成风，酒俗逐渐发展成型。宴饮中，有敬酒、陪侍、酒令，还有诗词歌赋伴酒，这些构成了唐人的酒俗。

　　唐人宴饮与现代人一样，赴宴者落座之前都会相互谦让一番，待按次序落座后，开个场敬酒。唐人保留了少数民族"蘸甲"的敬酒风气，他们将手指伸入酒杯中微微一蘸，然后弹酒，以此表达敬意。若到过内蒙古的蒙古包参加宴饮，你也可能会"享受"到这样热烈的敬酒方式。这种在现代人看来或许不那么卫生的做法，盛行于唐朝。"蘸甲"的酒俗在《全唐诗》有记载，例如"南邻酒熟爱相招，蘸甲倾来绿满瓢""十分蘸甲酌，潋滟满银盂"。

　　唐人好夜饮。在唐中期前，宵禁严格时期，他们只能在坊内玩耍，喝到通宵达旦的情况较为普遍。唐朝的文人雅士喜欢邀女性陪侍，男女间隔，这些女子被称为饮妓。京中饮妓归属教坊，但凡官方有宴饮，这些女子要走个程序，获得通行证，参加宴饮。日常教坊培训中重点培养她们全方位的能力，要求她们有一定学识，可以陪酒，也要善于歌舞。事实上，饮妓的参与不仅使得喝酒气氛活跃，甚至也时常发生借酒兴挑逗女子的情况。《酒谱》中记载了一件事：唐朝的进士郑愚、刘参、郭保衡、王仲、张道隐，每年春天都会选妓三五人，乘小车，裸祖园中，叫笑自若。他们把这个叫作"颠饮"。

　　唐人通过酒令将喝酒这件事提升到雅俗共赏的高度。酒令始于先秦，两汉时期逐步发展，到了唐朝达到鼎盛。这是一种将喝酒、娱乐、游戏、文化融合的娱乐方式。

　　唐人为了让酒令按规矩进行，避免混乱，设置了许多酒令岗位。比如明府，是在行酒令前推选一个人负责酒令事宜，先由明府说酒令的内容、方法。明府也会要求选一至二名助手。除明府外，还有录事（酒纠）。录事是维持宴席秩序的人，熟悉宴席的各种规矩，对违规的人进行处罚，凡在酒席上言语失序、行令失误以及作假逃酒，都会受到制裁。朱湾在《奉使设宴戏掷笼筹》中说："今日陪樽俎，良筹复在兹。献酬君有礼，赏罚我无私。莫怪斜相向，还将正自持。一朝权入手，看取令行时。"诗人活灵活现地描述了同时代唐人行酒令的场景，诗中的"献酬"是相互劝酒，诗人作为"酒纠"主持了酒宴的酒令，表示自己要行使酒纠的权力，赏罚无私。

从酒令方式来说，主要有雅令和通令两种。雅令，相对文雅，考量的是才思、文采，是文人雅士之间的游戏。而通令更加大众化，以划拳、扔骰子、抽签、猜数这些不费脑细胞的游戏为主。通令因简单接地气，更容易活跃气氛，故以民间流传为主。《全唐诗》对酒令记载得非常多。白居易的诗句"花时同醉破春愁，醉折花枝当酒筹"提到了酒筹，类似的还有筹箸，均为唐人发明的酒令器具。

六、古人科举高中后有哪些宴席？唐人新科进士的宴会文化

唐人喜欢搞聚会、办宴席，特别是上流社会更加讲究，有各种名目，规格也高。自隋唐开科举之后，普通学子有机会通过考试进入官场，这对他们而言是人生的重要事件，自然少不了宴席。让我们来看看唐人中举后和初入职场的宴会风俗。

乡试中榜的鹿鸣宴

隋朝大业四年（608），隋炀帝开创了选拔人才的科举考试。到了唐朝，科举考试分为地方考试和京师考试，其中，地方考试也被称为解试，元朝起才改为乡试。唐朝时，解试时间为三天，与现代的高考时间相仿。解试结束后，一般于放榜次日，地方州县官员会宴请考官、学政和中榜学子，举

办祝贺考中贡生或举人的"乡饮酒"宴会。杜佑的《通典》中，将此等宴请称为"行乡饮酒礼"。也就是说，唐人将这种宴请视为一种礼仪。在这样的宴会上，人们会吟唱起《诗经》中的《小雅·鹿鸣》，这可能就是该宴会被称为"鹿鸣宴"的原因。

唐朝的"鹿鸣宴"有一些限制。他们对参与者有身份上的要求，即要求参加宴会的必须是应试合格者，落榜学子不在其列，这是其一。其二是践行。宴请后，地方官员与学子（也称为举人）一同进京，继续赴考。据史料推测，同行赴考也有资助路费的色彩。除了《小雅·鹿鸣》的吟唱外，在宴会上还增加了《诗经》的《四牡》《皇皇者华》与《节南山》等篇章。

"鹿鸣宴"更像是统治者表达对学子的态度。唐朝的鹿鸣宴，体现了统治者和官府对儒家文化的重视，虽因耗费巨大，在南宋曾有一段时间几近废弛，但该活动在封建社会的教育文化体系中延续近千年，于清末才退出历史的舞台。

新科进士闻喜宴

进京赴考的学子，经殿试后中榜为新科进士，在礼部发榜后，敕令发下来举办的一系列宴会，被称为"闻喜宴"，也叫"敕下宴"。顾名思义，闻之则喜。闻喜宴在皇帝诏命下达之后在曲江之畔举行，为官方出钱并主持的敕赐形式，因醵钱宴乐于曲江亭子，又被称为"曲江宴"。

闻喜宴本是新科进士们的私宴，新科进士们以"醵罚"（合钱饮酒为醵）的方式集资，类似现代社会的凑份子、"AA制"吃饭的意思。据《旧五代史》卷三十八："敕新及第进士有闻喜宴，逐年赐钱四十万。"说明也有朝廷赞助的情形，但官方赞助似乎也未成为定例，唐朝的闻喜宴仍以私宴为主，间或官方赞助。而直至宋朝，朝廷才对闻喜宴进行赞助，将其正式转变为官方活动。自此，闻喜宴不再是民间习俗，成了国宴。

那么，为何在宋朝出现了闻喜宴发起主体的变化呢？这与当时的风气有一定关系。进士宴会吸引了多方势力参与，即将走上仕途的进士们自然成为他们拉拢的对象，相互攀附，结成各种私人关系，形成小集团。这样的势力一旦产生，容易引起皇家的不安。在统治者看来，任由民间活动，对自己可能会形成不小的威胁。据宋朝王栐的《燕翼诒谋录》记载，自唐以来存在"进士皆为知举门生，恩出私门，不复知有人主"的社会现象，所以出现了"除赐宴外，不得辄有率敛，别谋欢会"的声音。由私宴改为国宴是统治需要，为了解决私宴本有的攀附风气的弊端，从此让它打上了皇家的烙印。

而闻喜宴的举办地点和时间也是时常调整的。它在当时被称为曲江宴，主要是因为在曲江这地多次举办而已，由此沿袭其叫法。实际上闻喜宴的举办地点多次调整，有时在琼林苑，有时在公园，举办的时间要根据皇帝下诏时间确定，更像是临时性的宴会。

进入官场前的关宴

在唐朝，科举及第学子的宴会活动有很多，与闻喜宴相呼应的是"关宴"。这是新科进士在京城的最后一次大规模聚会，费用全部由学子自掏腰包，由专业人士进行张罗。

关宴的举办地通常在杏园，据傅璇琮的《唐代科举与文学》考证，杏园在曲江之西，又与慈恩寺南北相望。唐诗《曲江红杏》中"女郎折得殷勤看，道是春风及第花"的"及第花"指的是杏花。杏花二月开花，报春早，选在杏园举办关宴或有此意。这是唐朝进士们进入官场前的告别宴会。学子们从全国各地到京师，宴后各奔东西，按古代的交通状况，此别对于很多人而言将成为永别。

告别宴会让参与者能用心其中，但仅告别这一项活动，仍不能将宴会推到重要位置，还有一个重要的原因是，宴会的社交属性让宴会备受重视。

《唐摭言》载："曲江之宴，行市罗列，长安几于半空。公卿家率以其日拣选东床，车马填塞，莫可殚述。"新科进士是这次宴会的主体，但是积极参与者，除了他们还有京城的达官贵人，他们家里有妙龄待嫁女子的，会借此机会物色女婿。这一天，长安城空了一半，达官贵人带人去挑女婿，普通民众去看热闹，道路拥挤，盛况空前。《唐摭言·慈恩寺题名游赏赋咏杂纪》记载："……公卿家倾城纵观于此，有若中东床之选者，十八九钿车珠鞍，栉比而至。"

告别、选婿这些活动使宴会获得了社会的广泛关注，但是宴会的助兴活动，比如探花活动，更加博人眼球。吴融在《海棠二首》中有"太尉园林两树春，年年奔走探花人"的诗句，提到了探花活动。顾名思义，探花活动是事先选择同榜进士中最年轻且英俊的两人为探花使，探花人骑马遍游曲江附近或长安各处的名园，沿途采摘鲜花后在琼林苑赋诗，用采摘的鲜花迎接新科状元。该活动最重要的工作是选择探花人，要求人要长得俊朗，这与唐人选官员既看能力也要看外貌的观点一脉相承。

实际上，不管是告别、选婿，还是活动中的探花，都寄托了唐人对进士的希望，也表达了进士们登科后的喜悦、对未来的憧憬。

鹿鸣宴、闻喜宴、关宴仅是唐人众多新科进士宴会的剪影，但因为时间节点的原因，备受人们重视。史料记载，唐朝进士宴从存在到黄巢起义军进入长安为止，历时一百七十余年。这些宴会活动不仅是聚会，对新科进士来说，也是一次扩充人脉、建立圈子的机会。因此，唐人乐此不疲。

第二章
服装居家

一、为何说唐人不能乱穿衣服？"以色识人"的唐人服装

　　现代人可凭个人爱好和经济条件，身着自己喜欢的服装，即便是奇装异服，最坏的后果不过是引发议论，并不会影响到人身安全。可是，随意搭配衣服这件事要是搁在唐朝就有可能会被处罚。为什么会这样呢？原来，什么阶层穿什么衣服，什么场合穿什么衣服，在唐朝是有规定的，这被称为"服制"。唐朝官府认为，服装不仅有遮蔽和保暖的作用，还是区分不同社会角色和阶层的重要标志之一。这就如同在饭店后厨，大厨的服装和其他小厨的有明显差异，如果乱穿，会被视为违规。唐朝服制中的服装包括冠服和常服，使用场景各有差异。具体来说，唐人的服装有哪些规定呢？

男子服装

　　男子的服制有冠服和常服两种。

　　冠服是皇帝和官员在正式场合穿着的服装。隋炀帝即位后厘革服制，下令明确皇帝、官员、庶人的服装要求。唐朝礼服制度沿袭和完善隋朝服制，明确皇帝的冠服有十二种，分别是大裘冕、衮冕、鷩冕、毳冕、絺冕、玄冕、通天冠、武弁、黑介帻、白纱帽、平巾帻、白帢，使用和穿着的规制非常烦琐。唐玄宗对此进行了简化，通常使用衮冕及通天冠两种服装，其他逐步退出了冠服体系。

　　除了正式场合的冠服，唐人日常穿的是常服。所谓常服，是人们日常生活中穿着的服装。常服的特点是简单便利，它在唐前期和中期时鲜有在重

要、正式场合使用，到了唐后期，身着常服的唐人会出现在一些正式、重要的场合。

常服并没有类似冠服的明确等级规定。据《唐会要·章服品第》，唐太宗李世民于贞观四年（630）下令改革，"……冠冕制度，已备令文。至于寻常饰，未为差等"。自此，常服与冠服一样有了等级区分，形成礼服、常服共用的情况。唐朝开成元年（836）的元正朝会上，唐文宗着常服接受百官上殿朝贺，这表明常服可用在隆重和正式的场合。

隋文帝是服制改革的先锋，但因隋朝国祚偏短，这些制度如其他制度一样未能有效执行下去。但是，这项制度对后世影响较大，其中最重要的一点是将服装的颜色（简称"服色"）与官职高低进行关联，此制度一直延续到明朝。这也是唐朝官员在见面时能大致判断对方身份的原因。他们可以观"鱼符"或"鱼袋"了解对方的情况（详见本书后文），还可以通过对方衣服的颜色判断官品。比如，身着紫色官服的人，一般都是三品以上的高官。这叫作"以色识人"。

唐朝皇帝的常服一般为黄袍，而大臣们也可以穿黄色的衣服。唐高祖李渊上朝就喜欢穿赭黄色衣服，赭黄即赤黄，这让赭色成为皇帝的代名词。因此，朝廷明令禁止百官和百姓着赭色衣服。

服色等于官品，这是唐人共识。唐朝官员按颜色分为紫袍官员、绯袍（红袍）官员、绿袍官员和青袍官员。按规定，从一品至庶三品可穿紫色、黄色、红色服装。紫色可为主色，但黄、红两色需为偏色，不能过于正色，如浅黄、秋叶黄、枣红等。紫袍官员，相当于国家级干部。四品和五品官员，一般着绯色服装，四品着深绯服装，五品着浅绯服装，相当于省部级、厅局级干部。六品和七品，一般着绿色服装，六品着深绿服装，七品着浅绿服装，相当于厅局级和县处级。八品、九品官员一般穿青袍服装，八品着深青服装，九品着浅青色，相当于县处级和科级及以下的官位。《唐语林》中记有一件名人趣事：颜真卿在做县尉时对一位尼姑说，希望能得到五品官，身着绯衫，戴银鱼（即银鱼符）。尼姑指着座位上的紫丝布食单说："颜郎衫色如此，有功业名节皆称是。"

有规定，自然有违反规定的现象存在。据《唐会要》记载：咸亨五年（674），有百姓在袍衫之内着朱、紫、青、绿等色短衫袄，还有的在公开场合露出不符服制的衣着，导致了"贵贱莫辨"，于是严加禁断。平民百姓其实知道乱穿衣服是违法的，但是出于某种侥幸心理，仍这样干了。

除了服色是区分等级的标准，官员衣服上的质地、图案和花纹也有一些规定。简单说来，七品以上的官员使用花纹绫，七品以下到九品只能使用丝布和杂小绫，平民百姓没有资格使用这些质地的布料和图案。袍上的图案也有规定，比如尚书袍可配饰雁，左右将军袍可配饰麒麟，左右武卫袍可配饰老虎……这些将每个等级都做出严格规定的方法，一定程度上起到了识别对方身份的作用。

女子服装

在唐朝，命妇（被赐予封号的妇女）服装的要求较男子服制显得简单且有弹性，总的原则是根据丈夫或者女子自身地位而定。

唐朝命妇的服装分为礼服和宴服两种。礼服，顾名思义是在参加重要场合、册封时穿的服装。此外，根据身份地位的高低，她们的首饰稍有差异，如最高等级的一品，花钿（一种金银制作的首饰）九树，到了第五品，花钿只能五树。除了礼服，唐朝命妇的居家服装按礼制被称为宴服（类似常服），但其等级不得高于自己的丈夫、儿子品级的服色，即不许超越礼制。然而，实际执行中出现了两极分化。唐初，大家或能遵守规定，随着唐朝女性意识觉醒，一些女子在着装方面也存在突破礼制的情况。

百姓服装

除品官外，胥吏、农民、商人、士卒也被要求以不同颜色的服装进行区分。

唐高祖时要求，无品级的官吏、庶人、部曲（类似奴婢，地位高于奴婢）、客女（身份较婢女略高的妇女）、奴婢只能穿粗布麻衣，颜色是黄的或白的，可以用铜、铁制的带子和饰物，但不得用金银玉带。

商人的社会品级最低，官府规定商人与屠夫只能穿皂色（即黑色）衣服。处于底层的奴婢，服装一般是青色。这与官员的青色是有区别的，主要体现在衣料方面，奴婢等人的服装用料粗糙。从汉朝开始，青衣开始成为卑贱者的衣服，婢女也被称为青衣，青色也就成为奴婢的标准衣服颜色。

胥吏、庶民、士人一般可着青色、白色和赤黄色。皇帝允许的黄色并非赭黄，而是赤黄（有时称为土黄）。入仕之前的韩愈，"白布长衫紫领巾，差科未动是闲人"。在唐朝科举入选但尚未进入官场的学子也可一生着白衣，世人将他们称为白衣公卿。于是，唐朝的一些官吏会穿白色衣服宴请客人。从这一点看，白色非贬义。

除了法律要求外，国家大环境也可能影响到人们所穿衣服的颜色。唐朝末年，不论士人、庶人，都脱掉了白色、黄色等浅色衣服，开始流行穿深色衣服。或许在国家动荡时期，人们内心不安、焦虑，为自己和国家的前途担忧，颜色与心情息息相关，潜移默化中，深色衣服成为主流。

服制是礼仪为先的古人们非常重视的，唐沿隋制，完善服制，把常服纳入服制范围，建立了以色识人的品级体系。虽在今人眼里有阶级分化、歧视的嫌疑，但这种区分未必不是一种适用于当时等级制度的良方。

二、唐朝女子有哪些时尚偏好？ 大唐女子的时尚潮流

现代女子可以随意混搭，按自己的心意和爱好打扮自己，但这些做法在唐朝则行不通。唐朝重视服制，每一种服装代表一定阶层等级。混搭，随意越级穿戴，极有可能违反唐律。对于唐人，这根本不是个人自由的问题，而是对抗现任政治和礼仪常识。但是，在规则夹缝中，还是涌现出一些时尚达人，引领了一波时尚潮流。

现代人提到大唐女子，有两个基本印象：一是"以胖为美"，二是"开放袒露"。这主要源于后世自媒体和影视剧对大唐的描述和引导。事实上，唐朝女子的时尚一直都在变化，唐朝女子有哪些时尚潮流呢？与现代女子相比，有哪些差异呢？

女扮男装时尚

唐朝一些时尚潮流的引领方式与当今世界差不多，一般都是自上而下地由一些有话语权的女子发端。而唐朝宫中女子对时尚潮流起到了推动作用，比如唐朝流行女子中性风，恐怕与太平公主有极大关系。

有一则关于太平公主的趣事。在一次家宴中，备受宠爱的太平公主"衣紫袍玉带，折上巾"，以男子姿态载歌载舞地出现在唐高宗和武则天面前，唐高宗和武则天"大笑"。本是违制的事，因为公主的身份，此事就此揭过去了。宫里不禁，贵族女子不禁，这风气就渐在民间传开。特别爱出行的唐朝女子，也开始学着穿男装外出。实际上，女子穿男装，不拘一格，有时尚

精神，这样的着装，也方便参加社会活动。于是，女子着男装成为唐朝女子的一股潮流和时尚。

唐朝开元、天宝年间，女子中性风流行起来了。据《中华古今注》记载："至天宝年中，士人之妻着丈夫靴、衫、鞭、帽，内外一体也。"《旧唐书》也有类似记录，并言女子穿男子衣服是"尊卑内外，斯一贯矣"。以上史料的相互印证大抵可以说明，唐朝开元、天宝年间的女子中性风流行的说法可信度相当高。

其实，唐朝女着男装风尚可能受到少数民族服装影响，诗人元稹认为"女为胡服学胡妆"。唐人女子爱上了胡服的奇异风格，"英姿飒爽犹酣战"不足为奇，这样的风俗一直保留到唐朝灭亡。

骑马时尚

在唐朝还有男女都偏爱的骑马时尚。在古代，骑马似乎仅仅是男人享有的专利，少有女子骑马的事。隋朝起，随着北方少数民族骑马风俗兴盛的影响，骑马已不再仅仅是男人专利，女子们也爱上骑马。至唐朝，对于女子骑马也有诸多记载，从出土的多件唐人墓葬文物中，也找到了女子骑马俑的实物予以佐证。在南京六朝博物馆中，能观赏到唐朝女子骑马的文物，其还原后的女子骑马的样子，美伦无比。

女子骑马与女扮男装一样，都是唐朝女子时尚的一种。唐初，宫女可骑马，但要求戴幂篱，以免被路人看见。到了开元年间，女子骑马已无须遮蔽。"虢国夫人承主恩，平明骑马入宫门"，描述了虢国夫人（杨玉环姊）骑马的情形。那时贵族女子出行骑马，是生活日常。养马成本太高了，一般经济条件的平民百姓家女子，少有骑马的记载。

除了骑马出行，唐代女子还喜欢打马球，参与狩猎活动。打马球兴起于初唐，是那时无论宫内、宫外，无论男女均喜欢的一项运动。试想女子们身着胡服、男装或戎装，在球场驱马奔驰，享受原本属于男人的体育活动，这绝对是一道靓丽风景线。

唐朝女子冲击传统，骑马是其自由诉求的表达方式，宋朝以后，出土墓葬中已少有女子骑马俑了。思想封闭和禁锢是一个原因，还有一个原因：重文抑武的宋朝，马匹数量急剧下降，无马可骑。

女着男装、骑马等时尚反映出唐朝女子放飞自我、追求自由的开放心态，在这非常特殊的年代中，她们找到了属于自己的生活方式。而令现代人印象深刻的，还有在影视剧中唐朝女子较为暴露的服装。

服装裸露时尚

唐朝女子服装的法令规定较男子简单，要求不算严格，执行也不够彻底。尤其在武则天时期，女性意识开始觉醒，她们在婚姻、性和日常生活方面都有一定的自主性和自由度，这些内在诉求也体现在服装的变化上。

唐朝女子服装的主流有三类：上衫下裙、胡服和男装。上衫下裙，又由衫、裙、帔等组成。从初唐到盛唐，女子衫的领口越开越低，直至半袒胸乳。她们这样穿着，丝毫没有封建时代女子紧裹自己的自觉，也不觉得有何不恰当。

襦裙服是唐朝女子的主要服式。唐朝女子的上襦比较短，襦的领口也在变化，一开始保守，到了盛唐时期，领口低至可见胸前乳沟。总体而言，女子的上衣衫襦呈现三个特点：越来越薄、越来越透、越来越露。翻开《全唐诗》，这群诗人们不惜笔墨，描述这种在古代少见的穿着方式。无论徐夤诗作"别来拭泪遮桃脸，行去包香坠粉胸"，还是方干诗作"粉胸半掩疑晴雪，醉眼斜回小样刀"，均是描述大唐女子的服装时尚的开放性。有人说这是底层行业的时尚，实则在宫廷中也是如此。

在唐朝诗人的眼中，女子们仿佛一夜之间彻底放开。在这个女性意识觉醒与社会主流观念冲突的时代，传统保守和放飞自我并存，前者是封建王朝的根基，后者是时尚标榜。实际上，在唐朝有两类女子可以穿开胸衫：一类是有身份的人，一类是歌伎、舞姬等需半裸胸以取悦达官贵人的女子。这两类人中，一般不包括普通百姓家的良民女子。民间良家女子不许半裸胸，但是个别影视剧为了某种表达需要，将所有女子的着装基本按此模式复制。

初唐到盛唐期间，丝绸之路的发展以及各民族之间互通往来，一定程度上影响了服装款式的走向，比如服装袒露，是受到了胡服的影响，这也是唐朝服装开放性的一种表现。《文献通考》记载："天宝初，贵族及士民好为胡服、胡帽。妇人则簪步摇钗，衿袖窄小。"

唐朝女子追求服装色彩鲜艳，裙子的颜色多以红、紫、黄、绿为多。红色在唐朝尤其流行。"眉黛夺得萱草色，红裙妒杀石榴花"描述的色彩鲜艳的红裙，因其色亮如石榴花，也被称为石榴裙。除了对色彩的追求，唐朝女子也喜欢加"半臂"。这是一种短袖上衣，始于唐高祖时期，这样的服装样式在现代也常见。

从男子服装看王朝政治，从女子服装看时代风尚。唐朝女子的服装时尚，不仅反映了那个时代的风俗习惯，也影响了后世女性的日常生活，更为唐文化增添了光彩。唐朝是一个璀璨的朝代，它给予女性足够的空间，把人性中压抑的部分释放出来。女着男装，是在反抗男尊女卑；女子骑马，本意在走出家门，进入社会圈子；而穿袒露装，更是一种自我释放的表达。

只是，历史似乎开了一个小玩笑。在整个封建王朝，唐朝女子意识的觉醒刚刚有了一个小起点，在后世便滑落了。唯有在唐朝，时尚是习惯，是解放，是她们的个性光芒。

三、古代女子如何走出去看世界？唐朝女子的出行之道

　　走出家门，是人们重要的社交活动，对于唐朝的男人而言可能是公务，也可能是游山玩水，活动自由度比女性更大一点。出行在某种程度上，是男人的专利。但是，唐朝女子还是希望走出去看看外面的世界。她们是如何做的呢？

女子出行的两种方式

　　大唐女子的出行，与现代相比，自由度偏弱，但是出行的情况较前朝多，主要有两种方式：一是与女伴（类似现代的闺密）出行；二是与家人出行。除了这两种方式，较少有独游的情况。总体来说，是以结伴或以家庭陪伴方式为主。

　　与闺密（女伴）一起出行是唐女子常见的出行方式。这里的闺密或者女伴可能是地位平等的女子，或是家族中的其他女子，也可能是婢女。刘禹锡在《杂曲歌辞·竹枝》中说道："两岸山花似雪开，家家春酒满银杯。昭君坊中多女伴，永安宫外踏青来。"诗中记载了唐朝女子结伴到永安宫外出行踏青的情形。《太平广记》中也有女伴出行的记载："画檐春燕须同宿，洛浦双鸳肯独飞。长恨桃源诸女伴，等闲花里送郎归。"在唐朝，单身女子和已出嫁的女子都可能随同女伴出行。在现代，女伴一般就是闺密了。此等出行方式比较适合郊游等近途出游。

　　除了女伴陪同出行这种情形，绝大部分已婚女子的出行是与家庭绑定在

一起的。其中，子女陪同母亲外出游玩的情形较为普遍。百善孝为先，母亲想要出行，一般都由子女陪伴。

除了子女陪同，女子与丈夫出行的情况也较为常见。每年上元节、清明节、千秋节（皇帝的生日）等主要节日，官府鼓励百姓走出家门狂欢，已婚女子会选择与丈夫出行，感受大千世界。这些节日是大唐女子极度盼望的日子。在唐人看来，家庭出行符合封建伦理，体现了家庭和睦。

即便在后世认知中的"自由开放"的大唐，女子独自一人出行的记载也较少。在时人看来，女子独自一人抛头露面，不仅失礼，还会出现迷路、被拐卖、被肆意骚扰等意想不到的情况。如一名女子在非特定节日随意走动于朱雀大街，巡街人员便会上前刨根问底：你是要私奔呢，还是要逃跑的女婢呢？

幂篱和帷帽遮盖

冠饰在女子出行中占据了重要的地位，从这个角度可以更多地了解到整个唐朝社会对女子出行的态度。简单说来，唐朝出行冠饰方面的变迁，走的是抛物线模式，即"保守—觉醒—开放—保守"四个阶段。唐朝初期比较保守、封闭，女子出行要戴幂篱，遮盖全身；而到唐高宗时，女性意识觉醒，在冠饰上人们更愿意选择相对简短的帷帽，但也需遮蔽头颈；直到唐玄宗时，女子方可素面示人，后世认为这是大唐女子开放的阶段，是她们的高光时刻；随后，到唐晚期，女子又开始恢复幂篱，回归保守和封闭。

初唐对女子出门的要求较多，相对比较保守。社会风俗认为，女子出门须穿戴东西，"不欲途路窥之"，要遮盖全身。唐贞观前，宫女骑马，一般仍遵从隋制。武德、贞观年间，宫人或女子骑马外出，须戴幂篱。"幂篱"是胡人的风俗服装装饰，一种遮盖头部的丝巾，通常以黑色三纱罗做成。幂篱有两大功能：一是实用功能，路途中防止风沙；二是礼法功能，不能抛头

**吐鲁番市阿斯塔那唐墓
出土的彩绘泥塑戴帷帽骑马仕女俑**

露面，从西域传到中原，更多是用于男女大防。

幂篱能遮盖女子脸蛋，但是这配饰笨重，戴卸并不方便。在唐朝风气开放的环境下，到了唐高宗永徽年间，幂篱逐渐消失，其改进版"帷帽"开始流行。所谓帷帽，是一种将全身遮盖调整为仅遮盖脸蛋的女子佩饰，能遮风挡雨，戴卸也较为方便。"拖裙到颈，渐为浅露。"事实上，帷帽并非唐人首创，而是隋朝时由西域少数民族传到中原，不过在西域，帷帽的使用不分男女，到了中原则成为女子的专用品，从出土文物看，少见男子佩戴。

不过，新事物的发展并非一帆风顺。在帷帽佩饰出现初期，一些保守势力和官府认为女子不能如此抛头露脸，要求立即停止佩戴帷帽，官府认为这样的行为有违礼法，须立即禁止。但从女子服装发展看，帷帽取代幂篱是历史大势，一度成为唐朝女子出行的首选冠饰。

露面示人

《旧唐书·舆服志》对唐朝佩饰的变化记载如下："初妇人施幂篱以身，自永徽中始用帷帽，施裙及颈。武后时帷帽益胜，中宗后乃无复幂篱矣……开元初，从驾宫人骑马者，皆着胡帽，靓妆露面，无复障蔽。士庶之家，又相效仿……至露驰骋而帷帽亦废。"

随着女子地位的提升，女子身上的穿戴在从帷幔到帷帽，再到素面示人，女子佩饰的这些改变，体现了社会地位的变化，反映了礼法限制的减弱。女子骑马、着男装、部分裸装等已被社会接受。电视剧中常出现的武则天时期流行的"袒胸装"，宽袖阔领，体现出女性社会地位的提高，越是贵族妇女，越常穿袒胸装，但在公开场合，着袒装一般有遮蔽，与男子交往时，还须隔以障幕。

前文提及，太平公主参加唐高宗和武则天的宫内宴会时，着一身男装，皇帝对此并不生气。从宫廷侍女到官宦人家女子，都以着男装为美。唐朝墓葬中出土的男装女俑，全身男袍的形象，不仅掩不住女子的婀娜，还展现出了矫健洒脱的飒爽。唐诗《长安少年行十首》中也有"遨游携艳妓，装束似男儿"的描述。在《虢国夫人游春图》中出行的女子们，颠覆了过去着襦裙服的穿着打扮，穿起了男装，带上了幞头，登上了乌纱靴，英姿飒爽，挺拔利落。这些唐朝女子身上再无幂篱、帷帽的束缚，靓妆露面，无复障蔽。

而晚唐时期，女性出行的冠饰又回到覆盖面部的"面衣"，限制了女子的户外出行活动。自此，中国封建时代的女性社会地位又一度滑坡。

女子出行是管窥古代礼法的一个小视角，从女子出行方式的依附性和出行时佩饰的变化可以观察到，唐朝整个社会从封闭、保守到宽松、开放，再回到保守，时代特点非常鲜明。

四、古人如何注重个人卫生？ 唐人的沐浴和口腔卫生

疫情到来后，越来越多人意识到个人防护、卫生的重要性，对于今人而言，洗澡、刷牙、洗脸、口腔清新均是生活中的常规动作。那么，唐人是如何注重个人卫生的？

唐人沐浴与现代不一样

现代人认为洗澡与古人的沐浴是一回事，实则不然。古人在清洁个人卫生上有"沐浴"一说，沐是洗头发，浴是洗身体，这些合并到一起才是现代人的洗澡。除此，现代人洗澡的目的是为了清洁和放松，古人沐浴算是一种礼仪，从而形成了当时的沐浴文化。

唐人重视沐浴，在他们看来，沐浴不仅是活血通畅的享受，更是荡涤污垢、静心的过程。故唐朝的皇家贵族多喜欢在自己的行宫、住所修建浴池，考古发掘出华清宫遗址中的星辰汤、尚食汤、莲花汤等八个浴池建筑便是例证。唐朝最著名的浴池便是华清池，"水气朦胧满画梁，一回开殿满山香"描述了华清池中贵妃沐浴时芬芳四溢的场景。上行下效，受到沐浴文化影响，民间百姓将沐浴当成一种净身仪式，婚丧嫁娶祭祀等仪式前，一般都会沐浴。这些风俗的产生，并非唐人爱卫生，而是出于对礼仪的尊重，当然客观上也帮助唐人更注意卫生。

在民间，婴儿的诞生日中已有沐浴这一说法。唐玄宗李隆基曾为其孙子李豫举办了香汤沐浴仪式。宫中每逢婴儿出生，均在诞生第三日举办沐浴仪式，这逐渐变成宫中定制，随后在民间盛行，被称为"洗三"。还有一说，提到武则天时期就有"洗三"风俗。洗三风俗中有"洗儿钱"，查阅唐诗，了解到王建（765—830）在诗作中提及"日高殿里有香烟，万岁声长动九天。妃子院中初降诞，内人争乞洗儿钱"。从诗人出生于唐代宗年间、死于唐文宗年间的时间判断，他生活的时间为唐朝中晚期。若严谨推断，至少在唐中后期已有在诞生第三日给婴儿沐浴的"洗三"风俗了。除了"洗三"，在婴儿满月也要洗浴，此风俗被称之为"洗儿会"。

唐人结婚时也有沐浴风俗。新娘新郎在结婚前要沐浴，表示迎接新的生活；新人祭祖前要沐浴，表示对祖先的尊重；新婚次日起床后要沐浴更衣，拜见公婆。所有的环节中，沐浴不再是洁身，而是一种礼仪风俗。

唐朝官员的法定假期中有一个叫作沐浴假，是与沐浴有关的假期。官员上班，一般进了办公地点，吃住在办公处所，每隔五天才能放假一天，回家洗头洗澡。对于官员来说，这是难得休息之日，总不能一直在沐浴吧。多数官员除了休息外，还利用这一天走亲访友，喝酒会餐，煮茶品茗，各有活法。刘禹锡诗中写道："五日思归沐，三春羡众邀。茶炉依绿笋，棋局就红桃。"可见，五日一休沐在唐朝已成定制。

既然唐人这么重视沐浴，他们拿什么来沐浴呢？有肥皂吗？答案是没有肥皂，但是有澡豆。这是一种类似肥皂、可以去油脂的东西。澡豆是一种用豆子研成的细末、香料和动物胰脏合制而成的洗涤剂。因有豆子粉末，故被称为澡豆。唐代名医孙思邈的《千金翼方》中，就记录了多达七十多种澡豆的制作方法。据说上等澡豆由上百种药物搭配，富贵人家会在其中再加入名贵香料，这种澡豆有点后世香皂的意思了。在孙思邈的眼中，澡豆是居家必备的沐浴良品，上至皇亲国戚，下至贩夫走卒，都会喜欢这东西。

沐浴重要，刷牙这件事对于唐人也非常重要，唐人探索了一些刷牙诀窍。

唐人的刷牙方法

唐人刷牙，有揩齿法、植毛牙刷刷牙两种方法。

所谓揩齿法，是使用手、杨柳枝或揩齿布，粘上药在牙壁上擦拭牙齿。晚唐时，唐人将杨柳枝泡入水里，早晨起来，把它从水里取出，用牙齿将一端咬软，杨柳的纤维散开，好像细小的木梳齿，有时也会用手蘸点清洁药物刷牙。这是古人"晨嚼齿木"的说法。嚼杨柳枝还有十大好处，比如：消宿食、除痰痌、解众毒、去齿垢、发口香、能明目、润泽喉咙、唇无皱裂、增益声气、食不爽味。

唐人揩齿刷牙也会用到食盐。他们将盐放入口中，用温水含漱，揩齿及叩齿一百遍，不出五日，牙齿变得牢密。在唐人看来，盐摩擦牙面，不仅能清洁牙齿，还有杀菌作用，事实证明也能预防蛀牙。除了以食盐刷牙，唐人还会使用揩齿药，在天宝年间已有记载。到了中晚唐时期，还有关于刷牙的揩齿布的记载，这比树枝和手指干净多了。

唐朝有植毛牙刷。这种牙刷在考古过程中多有发现。考古人员在成都指挥街的唐朝灰坑中发掘出四把骨质牙刷柄。如果排除穿越的可能性，在唐朝末年，人们已发明了植毛牙刷。到了宋、辽、金时期，人们已经普遍使用植毛牙刷。

除了刷牙，唐人如何清新口腔、减少口臭呢？

唐人口腔清新法

唐人注重口腔清新，办法还比较多。比如，衔丁香以避口臭。唐代著名的本草学家日华子认为，鸡舌香可以治口气。鸡舌香即丁香果，在汉朝就有含丁香祛除口臭的记载。唐朝官员向皇帝奏对时，口含丁香果，避免因口臭影响到皇帝对自己的印象。从医学角度来看，丁香的药用成分是丁香油中含有的丁香酚，主要作用是抗菌，可以抑制口腔中的细菌。古人还发现，人之所以口臭是因为体寒、积食，丁香果恰有祛除寒气的功效。王维的诗作"何幸含香奉至尊，多惭未报主人恩"中的"含香"即为含丁香，不过这里的意思已是"口含丁香，上朝奏对"——成为官员的意思了。

以丁香为原料，孙思邈发明了针对口臭的含香丸方，其配方为：丁香、甘草、细辛、桂心、川芎、豆蔻、藿香、甘松草、当归、槟榔等，研磨成粉后用蜜炼制成丸子。唐人虽不像现代人有多种口腔清新剂可选择，大部分人也没有经济实力消费、制作复杂的口香丸，但是唐人在口腔清洁这件事上的进步从未停止。

用澡豆洗澡，用树枝刷牙，用"口香丸"保持口香……受时代局限，唐人的卫生工具与现代无法相比，但如今的每一步都是由祖先们的每一小步累加、探索出来的。正因为有古人的智慧，才有了今人生活之便利。

五、古人在城市买房容易吗？ 唐朝也有房地产限购令

如今，买房置业已成为不少在大城市工作的人最大的压力。能在工作地买一套可供居住的房子，是奋斗目标，更是男女婚姻的基础。要是男方没有房子，女子嫁过去的概率不高。毕竟，能在大城市买房子是有一定经济基础的表现，值得依靠。与此同时，高昂价格、限购要求，这些情况下的房地产已成为国人身上的一道紧箍咒。

在今天看来，古人大概很幸福吧——买房这件事应比较容易，人口少，大部分城市不会存在限购和高额房价的问题。而实际情况怎么样？我们看看唐人的买房生活。

唐朝也有房奴

在现代社会买房置业有商业、公积金贷款，二十年到五十年不等的还款期限，造就了无数房奴。唐朝有房奴吗？从记载来看，唐朝的房奴并不少。

唐宋八大家之一的韩愈（768—824），官拜京兆尹，相当于现在的北京市市长。这岗位应该有钱吧，而且还是在体制内的高官，这权势、这实力必须买得起房子吧？事实上，韩愈到了晚年才拥有属于自己的一套房。他发了一通感慨："始我来京师，止携一束书，辛勤三十载，以有此屋庐。此屋岂为华，于我自有余。"①大致意思是：我辛勤工作了三十年，才买得起这房子，这房子不华贵，但对于我来说足够住了。写得有点寒酸，相信对有"文

① 　见韩愈《示儿》。这首诗作于元和十年（815），这一年，韩愈四十七岁。

宗"之名的韩愈来说，这应是其内心的真实写照。

另外一位买不起房子的名人是"长安物贵，居大不易"这句俗语的主角白居易。话说唐朝诗人白居易（772—846）入仕前在长安拜访官员顾况，求其帮忙推荐自己，而顾况对这位希望被自己提携的年轻人说了一句"长安物贵，居大不易"。但在白居易拿出那篇流传后世的"离离原上草"诗句，顾况惊为天人，并大力举荐之。之后，白居易得到一份秘书省校书郎的公务员工作，月薪在当时的长安城不足以买房。于是，他在永崇坊的一座道观居住，后又租了偏远地区的价格便宜的茅屋，因茅屋与工作地点距离过远，他又买了马代步。白居易三十四岁那年，母亲和弟弟从安徽宿州到长安投奔他，不得已的情况下，他在陕西渭南县买了一套房子供一大家居住。那里在唐朝是农村，房价便宜。白居易平时住在办公地点或在长安城内租房，放假后回渭南住，过上了"两地"生活。白居易直到五十岁才赚够了钱，终于在长安买到属于自己的一套房子。太远了，工作不方便；太近了，工资不太"方便"。可以说，唐朝诗人兼官员的白居易这一生都在为房子努力。

从古至今，在中国人的生活理念中，安居乐业才是根本，即便成为房奴也可以接受。在这一点上，我们与古人没有太大差别。不仅是购房心态，还有国家政策，也有很多相似之处，比如限购政策在唐朝就有了。

唐朝的房地产限购

如今我们要买房，在一些城市中，首先要看是否是二套房，有没有贷款资格；还有的城市买房需摇号，其中增加了人才房和普通房的资格评选，具备人才房资格的买房人摇号成功率大于60%，而普通买房人不到30%。有钱未必能买到想要的房，房地产限购令限制了一些人的投资或租房需求。这情况在唐朝也有，唐人买房也有一些限制。

唐朝的房地产业尚不发达，家庭房产以自建房为主，唐朝对房地产的限定主要是对宅基地的管理，要求宅基地与身份强相关。杜佑《通典·食货二》中，唐玄宗时期的宅基地政策明确："应给园宅地者，良口三口以下给一亩，每三口加一亩，贱口五口给一亩，每五口加一亩……诸买地者不得过本制。"唐朝政府给平民百姓宅基地的大小取决于家庭等级和人口，唐朝百姓分为平民（良口）和贱民（贱口），若是平民家庭，每三口人给一亩宅基地；若是贱民家庭，每五口人给一亩宅基地。以上是朝廷划拨的宅基地，平民百姓也可以购买宅基地，但是不能超过官府规定上限。平民家庭每三口人，最多能买一亩宅基地，贱民家庭每五口人，最多能购买一亩宅基地，"诸占田过限者，一亩笞十"，超过限定购买的人员，一经查实，按一亩打十大板惩罚。

身份限制是唐人房地产的一大限制。除此，房地产交易也有限制。唐朝的房地产交易要追溯到西汉，汉高祖刘邦曾颁布法令，你要买的房子必须紧挨着你现有的房子。此法令目的在于限定房地产交易，把平民百姓的活动限制在一定区域内，以减少流民。此外还规定，要是平民百姓把官府分配的宅基地给卖掉了，下次就不再分配了。

到了唐朝，朝廷将限购令进一步限制。平民百姓卖房，首先得问问周边的邻居或者族人要不要买，如没有的话，其他人买地买房，不仅要原来的业主同意，还得问问这业主周边的邻居和族人。即便业主本人答应，周边邻居或者族人不同意也不得交易。后人把此政策叫作"求田问舍，先问亲邻"。

"求田问舍，先问亲邻"的政策一直延续到清朝末期，甚至在民国初期，一些地方仍有因发生邻居找麻烦的情况而取消交易的。这样的政策能达到两个目的：一是通过减少交易，提高迁徙门槛，加强居民控制。二是唐朝房地产尚未私有化，看似是个人的，其实可能是族产。私自卖族产容易引发矛盾，所以，规定在交易中优先邻居或者族人，要得到大家同意的这种措施是有一定道理的。

除了限购政策，唐朝政府还有哪些方式调控房地产呢？

唐朝的房地产税

征收房地产税是历朝历代的调控政策之一。在唐朝，已开始把房地产作为独立的征税对象。征收房地产税，好处在于控制了房地产管理权。唐德宗建中四年（783），唐朝政府在全国范围内征收"间架税"，类似现代社会的房地产税。间架税以平民百姓的房产的占地面积、修筑年代及质量好坏作为评判标准。"间"指房屋数量；"架"是前后两根柱子，两架即一间，还是指房屋数量。好房子每年每间收两千钱，普通的房子每年每间收一千钱，差一些房子每年每间收五百钱。为了防止民间隐匿房地产，官府明确"匿一间，杖六十"，还欢迎邻居举报，"告发者赏钱五十贯，由房主负担赏金"，举报有奖，查实遭殃。征收高额房产税，并没有达到缓解国家财政压力的预期目标，反而引发了民间的怨言，"税间架后，怨声载道"，这与朝廷预想的不太一样。唐德宗时期，长安城外的军队哗变，打出的口号就是废除间架税，得到了广大平民百姓的支持。叛乱最终被平定，而"间架税"的发起者唐德宗从长安跑路到乾县，很是狼狈，唐政权差一点提前告别历史舞台。

虽平民百姓不喜"间架税"，此政策在唐德宗后也未实施，但被后代沿用。明朝将此作为城市房地产税，时称"门摊间架税"，清朝嘉靖年间也收取过。

唐朝的房屋租赁和售卖

大城市买房比较难，房屋租赁市场却非常活跃。在唐朝长安城的一些坊内有出租房供外地人、胡人使用。房客多是外地商人、应考举人和一些买不起房子的公务员。白居易有一段时间租的就是长乐坊的房子。

不仅有房出租，也有人专门修建商铺租或卖，这是房地产开发商的雏形了。但在史料中未见有专职的房地产开发商，或许只是附带产业。

窦义是唐朝民间商人中开发房地产的典型。窦义这人比较聪明，通过卖鞋、卖树等生意有了人生第一桶金。他看中了西市的一个废弃的化粪池，低价买下来，填平后在上面盖了二十间店铺，租给胡人，日获利数千钱。窦义不到四十岁已成为长安首富，外号"窦半城"。这位窦半城是史料记载中最早做房地产生意的古人。

买卖和租赁房租的方式与现代基本相同，唐朝或已有房地产中介。公元926年，后唐唐明宗下诏令，要求买卖房屋、买卖奴隶、买卖牲口，必须让中介经手，违反规定者由类似房产中介协会的部门进行处罚。换句话说，房地产不能私下交易，要保证每一笔交易有案可查。

唐朝有高价房、限购政策，也有房地产交易。穿越到唐朝，可看到今天的一些情形：即便是如韩愈、白居易这样的唐朝官员，穷其一生才能买得起房子，不得已，只能扮演房奴的角色。在房子这件事上，现代人与唐人几无差别，用其一生，觅得一地，挡风遮雨，平安喜乐。即便千年后的人们看到史料，也或能发出"居不易"的感慨。

第三章

出行宝典

一、唐朝公务员出差住哪里？唐朝的驿馆使用指南

据《旧唐书·元稹传》记载，唐宪宗年间，著名诗人元稹从洛阳回长安，途中入住一家驿馆时，一位品级低于他的宦官提出占用元稹雅间的要求，元稹坚决不让。争执之下，元稹被宦官的随从打了。唐中期，宦官得宠，该宦官回京后将元稹告了一状，皇帝偏向宦官，元稹被贬为江陵府士曹参军。元稹把这段出差途中的小摩擦记录了下来，而他入住的这家驿馆——敷水驿（即今陕西省华阴市西敷水镇，为唐代长安与洛阳间陆路交通的重要驿站），也因这个故事在后世小有名气。故事中提到的驿馆，是供唐人公务出行休息的设施。

从古至今，人们因公或因私出行，若是去较远的地方，总是免不了在途中休息或作再次出行的物资补充。对于现代人来说，这并非什么难事，但古人经常遇到前不着村后不着店的情况，也没有便捷快速的交通工具，出行中途憩息的设施就显得特别重要了。于是，出现了供公事出行的驿馆以及私人行旅的旅店。总体来说，唐朝政府重视驿馆建设，在巅峰期，驿馆遍布大唐全境，成为公务传递信息、安排吃住的关键场所。

在唐朝，哪些人有资格使用驿馆？朝廷针对官员出行住宿还有哪些规定？

唐驿馆概况

驿馆作为交通枢纽的重要节点之一，是官府基础设施的重要组成部分。简单来说，有两点重要功能：一是向官员提供公务出行中吃穿住行一条龙的服务；二是负责信息传递。从隋到唐，驿馆也有多个别称，如传驿、马递、驿馆、驿传等。"传驿""马递"和"驿传"的称谓，更贴合传递信息的功能。

实际上，在唐玄宗开元元年之前，大部分的驿和馆是分开的，它们在功能和地点选择上均有差异。在功能方面，驿提供食宿和交通工具。"客舍也，待宾之舍曰馆"，馆一般以招待往来官员为主，并非传递信息，也不提供交通工具。在地点的选择方面，驿和馆选择方案差异较大。为了快速传递信息，驿一般选择建在路边；而馆一般选择建在偏僻的地方。到了唐朝中后期，随着经济越来越发达，出行人数增多，驿和馆的地点选择出现了趋同趋势，往往会选择同一地点。而官府也有意识地淡化两者的差异，将两者合并为馆驿，也有史料上称之为"馆驿"。为了表述方便，我们统一称之为驿馆。

数量大、分布广是唐驿馆的第一个特色。三十里一驿馆，在唐朝并未严格执行，可以把三十里理解为概数。实际上，驿馆具体设置的位置要根据实际需要确定，比如，在京城周边和繁华地段要设置得密集一点；在边远地区，使用频次不高的情况下，为了节约成本，驿馆的设置相对稀疏。开元时期，官府设置的驿馆共有一千六百四十三所，其中有陆驿一千二百九十七所，水驿二百六十所，其他八十六所是水陆相兼的驿。

唐驿馆的第二个特色是规模大、设施齐全和物料丰富。唐朝的大部分驿馆的设施中有客房、马厩、客餐厅、仓库，大一点的驿馆设施更齐全，有的驿馆中还有舟船、池沼、竹林，能容纳百人住宿，这在古代算是非常宽敞的大型"招待所"了。稍微偏僻的驿馆，一般会下调档次。到唐后期，因为战争和驿馆制度被破坏，一些驿馆的设施陈旧，规模压缩。

驿馆是有等级区分的。我们以驿馆的交通工具的备货量来看个中差异。唐朝政府的考量标准为，驿馆依繁要与否设定不同的等级，陆驿最高等级的驿馆有多达七十五匹驿马，以此下推到最低等，第七等的驿站仅有七匹马。水驿分三等，最高等有船四艘，中间的有船三艘，最低等的有船两艘。在交通要道上的驿馆，一般情况下等级较高，比如从长安到汴州的驿馆大部分属于此类等级。

这么大规模的驿馆，是否所有人都可以使用？唐朝政府在驿馆使用上出台了一些政策，规范其使用。

驿馆规章制度

驿馆是国家的基础资源，也是重要的资源。对于资源的使用分配，唐朝政府出台了一系列政策，规定其使用方案，明确什么时间、什么人、可以使用多少免费资源等一系列章程。

唐律传递的时效有制度要求。唐朝建立了密集的驿站系统，在此完备的设施基础上，驿馆能发挥重要的"快递"作用。驿馆的功能之一是传递公文，有时也传递贡物。唐朝陆驿的传递时效有日走四驿，急件日行十驿，敕书则日行约十六驿（约五百里）。也有被流贬的官员，罪行稍重的，也要日驰十驿上任。

百官使用驿馆的符券证明上有行程安排，比如要经过哪些驿馆、大约多少天。百官因为自己的原因耽误了行程，要被处理；若是驿使耽误了，处理更加严重。《唐律疏议》规定，"诸驿使稽程者，一日杖八十，二日加一等，罪止徒二年"。

除以上规定外，唐律对驿馆的交通工具使用要求也非常严格。公务使用交通工具的依据是职位高低。拿马作为例子，一品官员的马匹标准是八匹，以此类推，到七品以下只能给两匹马或一匹马。从此标准推算，那些有十四、八匹马的小型驿馆接待能力非常有限，一名高官就可能把驿馆的家底掏空。

唐律对哪些人可使用驿馆等乘驿有相应规定。对于使用人群，唐初的规定是这样的：官员出行提供券牒（初期是铜做的传符），另配置文书，在上面标注要经过的驿馆数量、名称、行程和享受档次等内容，有点类似"网红点打卡"的感觉。驿馆管理人员凭借这个予以安排相应待遇。券牒使用后要交回领券处，过期作废。未按期交回，按律要被按公事耽误一天笞三十进行处罚，最高可判处两年有期徒刑。据《唐会要》记载，"外州往来，给券牒"，"厘革应缘私事，并不许给公券"。说白了，官员非公事的情况下，禁止使用驿馆。

元稹与宦官刘士元驿馆争执发生后，朝廷颁布诏令，规定中使和御史在馆驿的住宿条件以到达的先后顺序为准，如御史先至，居上厅，则后到的中使就只能居于别厅。

唐律禁止官员在出行途中绕道回家、探亲访友；由于交通工具的限制，也不允许私自多带行李或货物。唐太宗时期，对驿馆又做了一些规定，官员不得无故在驿馆逗留，要是有家属陪同，家属则不得享受免费待遇，找旅店居住或者自己承担相关费用。

唐朝政府在国家基础设施的使用上，确定了一系列政策，也给后世驿馆的使用和运营确立了模板。在实施过程中，唐前期对官府的政策执行较好，到唐中后期，驿馆使用乱象丛生，出现了驿馆被节度使掌握的情况。驿馆的接待对象、接待方式和接待规格由节度使决定，按唐律规定不该免费入住的人员也入住了，服务范围擅自扩大了，这也造成了驿馆的不堪重负。当然，不堪重负的还有那些被强迫"就业"的驿长。

捉　驿

"凡三十里有驿，驿有长。"每个驿馆都有长官，叫作"驿长"，或曰

"驿将"。驿馆在唐朝交通枢纽中较为关键，作为官办的基础设置，应由官方派遣人员就职。但实际上，唐朝很长一段时间，驿长职位是通过"摊派"产生的。

据《通典·职官十五》记载，"驿各有将，以州里富强之家主之，以待行李。"意思就是说，唐朝的驿长（驿将）使用的一般都是当地富人家的人。为何要这样做呢？或有两方面考虑：一是商人地位高，追求仕途，容易被控制；二是驿馆耗资大，国家无力承担，劫富（富强之家）济贫（官府）。于是，朝廷出台一系列政策，比如被"摊派"的富强之家的人出任驿长，国家承认其是"官"；同时给予优惠政策，免除其赋税、徭役；再者，允许其在驿路两边经营商店、旅店等。在这些政策的吸引下，一些富强之家加入了驿长行列。这样的政策史称"捉驿"。

但是，很多被"捉驿"就业的驿长发现无法继续运营下去。史料记载，从浙东的明州（今浙江省宁波市）到京师长安运送海鲜，四千余里路程，约计用力夫九千六百余人，这都需要驿馆负责，而行程中所需的钱财和食物，就像一个无底洞。"民贫不堪命"，这是唐朝驿馆的一个缩影。

从规章制度上回溯，按规定，驿馆的物资由官府和驿长共同提供。其中，官府提供驿马、驿田、一些本钱等固定且小额的资金，在运营中，这些物资根本就不能满足要求。额外资金，国家当然不负责，只能由驿长自己想办法。对于绝大部分商人驿长，进入仕途后，发现得到的东西远远大于失去的。他们发现自己被骗了——如果国家打算负责这大额资金，还"捉驿"干吗？安史之乱后，一些驿长决定不干了。《新唐书》记载：唐朝发生了一些奇怪的事情，一些驿长跑去做盗贼；甚至一些富贵之家，采取了逃跑、重金买通当权者将富户身份降为穷人身份等方法，仅是为了避免被任命为驿长。"捉驿"把民众给吓坏了，于是捉驿工作进行不下去。唐德宗时期，官府最终接管了驿馆，任命官员管理，自此，"捉驿"制度寿终正寝。

　　驿馆制度随着大唐王朝的衰落而走向没落。到唐朝中期后，驿馆的公器私用情况非常严重。在《旧唐书·柳公绰传》中记载了唐德宗时期官员柳公绰的奏章内容，柳公绰认为驿馆存在四个方面的问题：一是驿馆缺乏马匹（不知道去哪里了）；二是官员行李和人数也没有限制（管理超标失控）；三是那些管事也不看券牒，随意安排（不严格按照规章制度）；四是更可恨的，马用完了，就抢夺路人的，"惊扰怨嗟，远近喧腾"。从柳公绰的奏章可以看到，唐中晚期的驿馆管理混乱的情况，危害很大。实际上，柳公绰看到的并非仅是驿馆问题，而是整个朝代的没落。

　　驿馆作为唐朝的重要设施，承担了全国较为重要的信息传递、物资传送和公务出行安排等工作。为了保证驿馆的运营，朝廷出台了大量的规章制度，也实施过一些在后世看来有点"病急乱投医"的"捉驿"政策。总体来说，驿馆在历史上有着非常重要的地位。当然，随着官方驿馆发展，唐朝民间旅店也开始发展起来，他们在大小城镇和道路附近开设，有一些是在驿馆边上开店。在城市中，因为里坊制度规定，旅店一般情况下不能临街开店，一般是在"市场""坊内"两个地方。在驿馆边上开设能保证那些无法入住免费店的人们有一个栖身之所，放在坊内也可以保证外出旅行客户、过了宵禁无法外出客户的住宿问题。这些旅店，除了提供住宿，还提供食物，类似酒店，个别旅店还增设付费交通工具。驿馆服务于官方，旅店服务百姓和那些无法享受官方免费服务的人们，两者互补，且缺一不可，成为唐人出行设施之一。

二、古人如何证明"你就是你"？唐人的身份管理

现代人出门要带三小件——身份证、钱包和手机。其中，身份证是国家对个人的身份认定，可用于乘车取票验票、办理入住、风景区取票、取款汇款等，无证不行，身份证已成为现代人验明身份的重要物件。一千多年前的唐人是否也有身份证？如果有，是什么样的呢？唐朝在无网络、没有复杂的电子检验设备、没有防伪技术等高科技的情况下，又如何验明身份呢？

唐朝身份证变迁历史

古人把类似身份证的东西叫作"鱼符"。鱼符分左右两部分，上有小孔，便于官员随身携带。这"身份证"并非全民所有，大部分为官方使用。

古人认为符是一种契约，用于调配军队、派遣官员、颁发政令和识别人员，用来确认身份，避免被冒用。不过，在隋和隋之前的符，形状像老虎，被称为"虎符"，公务时携带虎符作为信物。到了唐朝，因要避讳唐高祖李渊的祖父李虎，唐朝建立后，李渊停掉隋朝的"符"，颁发银兔符，没过多久又将银兔符改为铜鱼符。

鲤鱼谐音和寓意"李"，或是李唐王朝平民百姓选择鱼符的一个原因；此外，毕竟鱼符的使用群体是官员，取鱼跃龙门的寓意；此外，《朝野佥载》中的观点是，"以鲤鱼为符瑞，遂为铜鱼符以佩之"。"符"已从单纯的调兵遣将功能演变出证明身份的功能。

不过，武则天时期，龟符取代鱼符；唐中宗时期，又将龟符废除，改为鱼符。直到宋朝，"鱼符"被废除，正式退出了历史舞台，但是存放鱼符的袋子——"鱼袋"以装饰、身份象征的功能，依然保留了下来。

唐以前虎符　　　　　唐贞观年间鱼符　　　　武则天时期龟符

到了明朝，"牙牌"是人们身份的证明，上面刻有姓名、职务、履历和所在的衙门，这样的信息证明上如再加上家庭住址，就与现代意义的身份证有点接近了。此时，身份证明也开始向中下阶层发展，不再成为部分特权贵族、官员的特有物件了。

鱼符和鱼袋的用处

龟符在唐朝历史上存在时间较短，其功能与鱼符一致。我们就以鱼符和鱼袋为例，探讨它们在历史长河中的作用。简而言之，这些物件主要用于官员和公事，其作用有等级身份证明、出入证明、工作变动、调动军队和荣誉证明等五类。

鱼符是官员权力和身份的证明。在唐朝拥有鱼符的人，是真正意义上有身份的人，是"人上人"。唐初，只有五品以上的官员才有资格佩戴鱼符，"随身鱼符者，以明贵贱，应召命"。太子持有玉鱼符，亲王是金鱼符，庶官是铜鱼符。作为权力象征的鱼符，在唐中宗时期及以后，其权力象征的意义不断淡化，等级较低的官员也可以佩戴，鱼符成为满朝文武官员的必备佩饰。此时的鱼符，就类似现代人的工作证，以此与陌生人打交道，识别彼此身份，办理公务，完成私人社交。

除了身份象征外，鱼符的实用功能之一是出入证明。持有鱼符的唐人可以凭借鱼符出入相应权限的宫门、城门等。这些出入证明形式多样，名称不一，有开门鱼符，也有闭门鱼符，开门鱼符与闭门鱼符不能拿来混用。唐律还规定，官员及命妇出入宫门皆有门籍，由监门卫负责，用鱼符来验明身份。针对边疆地区另有规定，唐朝周边已归属的藩属国的使者，想要进出大唐境内，必须要检查鱼符。

鱼符也是工作变动证明，官员凭借鱼符可以调任。这种官府专用鱼符用铜制成，分为左右，左留京师，右给州郡（上任的地方）。新官上任，给官员左鱼符，到了上任地方与右鱼相勘合，即证明这不是冒牌官员，然后进行官职交接。

当然，对于统治者而言，鱼符一直保留的功能是调动军队。虽说"将在外君命有所不受"，但控制军队，及时发布消息，这是有讲究的。史料记载，唐朝已不用虎符了，调兵时使用约定方案，发兵时颁下左符，与军队存有的右符进行勘合，如勘合无误就要马上发兵。

鱼袋成为一种虚荣证明。在《全唐诗》中关于鱼袋的诗句较多，比如李廓的诗句"倒插银鱼袋，行随金犊车"。银鱼袋是长安少年的身份象征，不过李廓这人也不差，稳稳官二代，元和十三年进士及第，官拜刑部侍郎、刺史。他的另外一个身份，是吟出"鸟宿池边树，僧敲月下门"的著名诗人贾岛的好朋友。

我们也可把鱼符按另一维度进行分类，分为功能性鱼符和随身携带鱼符。功能性鱼符用于调动军队，出入门、出入境、上任等，在需要时与朝廷使臣的另外一半鱼符合二为一，验证后可以使用。而随身携带鱼符，更多是一种身份象征，或是一种时常出入门禁的通行证而已。

鱼符和鱼袋的使用禁忌

在这三种情况下，官府要对使用鱼符的人进行处理，一是勘合无误但是未及时发兵，这等同违背命令，判处两年徒刑；二是左右符不相合而不迅速奏闻者（上报）也判处两年徒刑；三是要交回的左鱼符，违反一定期限没有归还的，判处一年徒刑。这左符不能留在军队，必须要带回。

除了鱼符，朝廷又增加鱼袋的区分方法，不同等级的人携带鱼袋也有制度要求，不得乱带，否则视为逾制。鱼袋，顾名思义，用来盛放随身鱼符的袋子。韩愈的诗作"不知官高卑，玉带悬金鱼"，言下之意是"金鱼"代表了官位高低。在《新唐书》中明确了各等级官员佩戴鱼袋的要求："三品以上饰以金，五品以上饰以银。"《唐会要》记载："景云二年四月二十四日敕文，鱼袋，着紫者金装，着绯者银装。"紫者和绯者都是唐朝官服制的一种，紫色用于三品以上官服，绯者用于五品以上的官服，服制、鱼袋和官品一一对应，这是唐朝官员衣着与佩戴的规定。

可以说，唐朝的鱼符、鱼袋的等级关联一直影响到后世，一是身份象征，二是职务待遇。就如同后世的官场、职场领导人，不同职位不同待遇，不同的出行标准，不同的办公房间标准，殊途同归而已。

在唐朝一段时间内，官员去世后，鱼袋是要被收回的。到了唐高宗永徽年间，下诏调整这规则。据《唐会要》记载，永徽二年四月，皇帝认为，这些当官的鱼袋是用于褒奖大家的，去世了就要收回，"情不可忍"，自此后"五品以上有薨亡者，其随身鱼袋，不须追收"。

鱼袋也是唐朝的军中封赏之物。毕竟，鱼袋是稀罕物件，作为军中有功人士的封赏，在唐朝也是流行的。《唐会要》记载：量军大小，各封金鱼袋一二十枚，银鱼袋五十枚，并委军将，临时行赏。

在梳理唐朝鱼符资料时发现，唐朝的鱼符、鱼袋管理规定虽比较详备，但是也有为了彰显身份，从别人身上借用的情况。不过，站在千年前，我们看到朝廷全方位营造的等级身份，从衣服配饰，到身份象征，都在彰显官员和普通民众之间的差异，以及官员与官员之间的差异。

三、无飞机、无汽车、无高铁，唐人如何游走世界？唐人出行交通工具大观

很多人都会有一个穿越去古代的梦想，带着超越古人千年的智慧，拥有一个超级厉害的人生，火力全开，智慧碾压。原本想借穿越之机走遍祖国的大好河山，将脚印踏遍曾经的每一寸土地，但日行千里的想法马上便被时代的局限扼杀。因为，在相对落后的古代，出行难度太大了。

古人的世界中，没有高铁、没有汽车，也没有飞机，人们难以实现日行千里的梦想。然而，唐人出差、自驾游、走亲访友、上朝上班，或来一场说走就走的旅行，这些需求不会改变，那么，他们出行有哪些交通工具呢？

高大上的交通工具

出门当然可以走路，但是交通工具不仅能提高出行效率，节省力气，还是身份的象征，这一点古今都是一样。唐人喜欢骑马，在他们看来，这是非常有面子的出行方式。从唐朝诗人为马赋诗的数量来看，就足以佐证唐人爱骑马出行。在《全唐诗》中，可搜索到的"马"字有五千八百余处，人们不吝笔墨描述对马的喜爱和骑马的感受。那时的唐人拥有一匹好马，如同现代人拥有一辆豪华轿车，他们对名马的喜爱不亚于现代人对劳

斯莱斯汽车的痴迷。

唐诗就如同现代的自媒体一样，记载了当时的风俗民情，流传后世。比如，杜甫在诗歌中记载了自己从骑马到骑驴的人生境况。年轻时的杜甫，官宦家庭有经济实力，出行首选骑马。在《奉赠韦左丞丈二十二韵》中，杜甫写道："放荡齐赵间，裘马颇清狂。春歌丛台上，冬猎青丘旁。"裘马，是轻裘肥马，用于形容生活富足。少年裘马，悠然自得，是有经济实力、有身份的人才可能具备的生活方式。安史之乱后，落魄的杜甫出行被迫选择骑驴，"骑驴十三载，旅食京华春""平明跨驴出，不知适谁门"，人生际遇从交通工具中即可见一斑。个中滋味，古今相通。

在唐朝，马深受唐人喜爱，有身份、有实力的人喜欢骑马，包括武官、文官和女子。问题来了，唐人为何爱骑马呢？尚武和胡风入中原是唐人以马为交通工具的主要原因。唐朝王室本就源于尚武的鲜卑人血统，遂形成唐初尚武轻文的风气。那时的唐人希望投身军队，报效国家，换取功名。魏晋南北朝时期，少数民族进入中原后，随着民族融合而杂居生活，这些都在一定程度影响了唐人的日常生活方式。

但是，养马成本太高了。唐朝养一匹马需要的物资，是养活一个成人物资的数倍。公务员公家的配马，由国家给养活；个人骑马，只能自费了。

朝廷非常重视养马，官府是养马和使用马匹的主力，主要供给军队、官府驿站、门阀世族、皇室和官员。据唐朝政治家、文学家张说在《大唐开元十三年陇右监牧颂德碑》记载：唐建国后约四十年时间，马匹从三千匹增至七十万六千匹。换句话说，唐朝的马匹数量在四十年间出现二百三十多倍的高速增长。

这些马匹中，最受欢迎的是突厥马。骑突厥马基本上是门阀士族、皇室宗亲的专利。突厥马高大、漂亮、冲刺速度快、耐力好，属于神骏，不是人人都能拥有的。但是，突厥马有容易生病的缺点。

唐朝官员和平民百姓鲜有骑突厥马的，但大部分相对有钱、级别高一点的官员可以拥有普通的优质大马。那些没有油水的小官，实在养不起优质大马，可以骑"劣马"。如骑劣马的条件都没有的话，这些官员便只能步行或骑驴上班了。

当然，不是有经济条件的就能使用相应的交通工具。唐朝对交通工具的使用有一些限制。民众、市井小贩、犯罪被流放的人、奴婢等是禁止骑马的。阶级等级和经济实力都促使唐朝底层人民使用其他交通工具。

底层人民的交通工具

普通民众消费不起突厥马，养不起优质大马，也用不起"劣马"，只能选择驴、骡这样的畜力。那时的驴、骡有一个交通专用名词，叫作"劣乘"。"劣乘"，名字不好听，使用起来也丢面子，但胜在价格便宜，是唐平民百姓除走路外的主要出行方式。

驴、骡作为畜力，有两种使用方式：一是唐人自己家养驴或骡子，以备出行使用；二是使用"共享驴"租赁服务，类似现代人的共享单车服务。圆仁的《入唐示法巡礼行记》记载，山东地区"共享驴"的价格每二十里五十文钱。杜佑的《通典》对此也有记载："东至宋汴，西至岐州，夹路列店肆待客，酒馔丰溢。每店皆有驴赁客乘，倏忽数十里，谓之驿驴。"在唐朝的交通要道上，一些店肆有驴赁客乘。这些记载一是反映当时交通之盛况，二是说明唐人"共享驴"业务具备一定的市场空间，深受欢迎。

下层平民百姓使用驴作为交通工具，个别文人雅士因爱好或生活落魄，也有可能选择骑驴。李白在《赠闾丘宿松》中就有提到驴的诗句："阮籍为太守，乘驴上东平。剖竹十日间，一朝风化清。"意思是说，阮籍被提拔为东平太守，是乘着驴上任的。他当了太守有十天，将衙门的旧习气整肃一清。

丝绸之路上的运输工具

　　唐朝的包容气象吸引了周边国家的人。唐朝与周边国家互通频繁，从以长安为起点的丝绸之路上的行人可见一斑，而骆驼是丝绸之路上的主要运输工具。据《朝野金载》，魏晋南北朝时期已有骑骆驼的记载："后魏孝文帝定四姓，陇西李氏大姓，恐不入，星夜乘鸣驼，倍程至洛。"意思是说，骑着戴铃铛的骆驼，昼夜兼程赶往洛阳（魏都）。到了唐朝，骆驼作为长途运输工具，有两方面原因：一是

唐三彩骆驼载乐俑

与西域和唐朝之间的密切交往有关，并且骆驼来源于西域，数量多，可供选择。二是与骆驼本身属性相关。骆驼能在荒漠中找到水源，本身又具备坚韧不拔的特性，还能帮助迷路的人找到归途。

其他交通工具

　　白居易在《卖炭翁》中记述："牛困人饥日已高，市南门外泥中歇。"牛车在唐朝民众生活中承担了比较重要的运输工作，但是不同阶层使用目的不一样。底层人民为了生计使用牛车，如卖炭翁；而门阀贵族使用牛车的作用是出行、游玩。

　　由于汉末战乱不断，马匹大量减少，于是牛车的使用在魏晋南北朝进入黄金期，至东晋十六国，逐渐被上层统治者接受并普及。到八世纪中叶的盛

唐前后，牛车这种交通工具逐渐消失。考古学家发现，唐天宝年间，出土的墓葬中多有牛车陪葬品，而随后唐朝墓葬几乎找不到，这到底是什么原因？后世猜测，主要是唐人喜欢骑马，而原来的牛车成为劳动生产工具和部分妇女的交通工具。如此一来，牛车使用量少于前朝，退出了人们的视野，用牛车陪葬的现象也就不多见了。

　　除了牛车，还有肩舆、车舆等出行工具供唐人使用。肩舆是后世轿子的前身，最初只有一些老弱病残大臣才有资格使用肩舆，后发展到上至大臣家庭，下到百姓均可以乘坐，但主要的使用群体是妇女。朝廷规定，商人和庶民的妻女不得乘坐肩舆。此外，官员也不可以随便乘坐肩舆。唐末允许官员在生病时可以乘坐肩舆，但是须自己出钱雇佣抬轿子的人。白居易《东归》诗中写到："翩翩平肩舁，中有醉老夫。"这里的肩舁指的就是肩舆，是指用人力抬扛的代步工具，有二长竿，中设软椅以坐人。而关于李叔明使用肩舆的记载有："后朝京师，以病足，赐锦辇，令宦士肩舁以见。"[①]总体来说，唐朝礼法中对肩舆的规定和限制，主要与等级观念有关。

　　除肩舆等出行工具，唐人日常生活和朝廷仪仗中会使用车舆这种交通工具。具体来说，车舆即车轿，多有马车、驴车、骆驼车、牛车等交通工具。

四、古人是如何送别的？ 唐人的送别风俗

　　在送别这件事上，现代人与古人最大的差异是重视的程度。前者因交通便捷、科技发达，若想要见面，打开网络随时能在网上相聚，或来一场说走就走的旅行；而古人送别，因那时道路崎岖、交通落后，路

---

① 见《新唐书·李叔明传》。

途安全也得不到保障，亲朋好友一别恐难有再见之期，故古人对送别这件事非常重视。以唐朝为例，据统计，《全唐诗》四万八千九百多首作品中，约六千一百五十首是送别诗，其中有集体送别的，也有个人送别的。这些送别诗为研究唐朝风俗留下了宝贵的资料，是后世了解唐人生活的一个窗口。

集体送别

　　送别是人们社交活动的一种。唐朝官员和士人们因工作情况离别较多，他们多是组织宴会送别、唱和，有官方集体安排，也有私人活动。唐初，官员巡边上任、将士出征或到其他地方就任，根据情况举办大型或小型的送别宴会，宴会上的送别诗多是应酬之作。

　　唐人的集体送别饯行，多举办大型宴会。在宴会中，部分达官贵人和士子被要求即席赋诗，这种情况下作出的诗作，被称为应制送别诗，在唐朝非常流行。景龙二年（708），集体送宋之逊到许州上任，写了七首同名诗作——《饯许州宋司马赴任》。景龙三年，集体送唐贞休上任，写了十一首同名诗作——《饯唐永昌》。在唐朝集体送别中，规模最大的是送金城公主和亲，所有在京官员都被要求送行，应制赋诗《奉和送金城公主适西蕃应制》累计十七首。在唐朝，应制赋送别诗是一种风气，这些送别诗题材相似，且为应皇帝或其他官员的要求写作，容易千篇一律，且有一定的官场色彩，被认为缺乏艺术特色，事实上这类作品中也的确未见非常出彩的作品。

　　以上是践行送别。到了唐玄宗年间，除了送别官吏赴任、将士出征外，送别场景又增加了辞官回乡、外国使节归国、著名道士还山等。

　　辞官回乡中，如为了送贺知章辞官回乡，唐玄宗组织了一场盛大的集体活动，他亲自写诗《送贺知章归四明》："遗荣期入道，辞老竟抽簪。岂不惜贤达，其如高尚心。寰中得秘要，方外散幽襟。独有青门饯，群僚怅别深。"在诗中，唐玄宗表达了对贺知章辞官的惋惜之情，也表示自己非常尊重他的选择。在这次送别集会上，有其他官员的应制集体送别诗，被时人编制成册，统一标题为《送贺监归四明应制》，可惜的是，现仅存李白和李林甫二人的诗作。

又如，外国使节归国、著名道士还山的送别。唐朝中前期与日本、新罗保持良好的关系，时有外邦来朝。在日本使节归国时，唐玄宗安排宴会饯行，并作诗一首送别："日下非殊俗，天中嘉会朝。念余怀义远，矜尔畏途遥。涨海宽秋月，归帆驶夕飙。因惊彼君子，王化远昭昭。"希望归国的使者能把中国文化传播到日本，也表达了对他们归途安全的关心。

个人送别

相对于集体送别，唐朝的个人送别规模较小。如有送别亲朋好友戍边、赴任、归山隐居、贬谪。因非集体活动，个人可自由发挥。

送别戍边的诗作，在唐初表现得较为积极向上。唐初，整个中原处于上升发展的势头中，人们渴望奔赴边疆，建功立业，博得功名，那时大部分的送别诗中都有一种英雄气概。如李白《送外甥郑灌从军三首》的"斩胡血变黄河水，枭首当悬白鹊旗"，豪迈气息一览无余；王维《送赵都督赴代州得青字》的"岂学书生辈，窗间老一经"，歌颂了将士们的英雄主义，对书生表示藐视。但是，中晚唐的送别诗少了豪迈，更多的是对山河破碎的描述和痛心疾首的情感。如杜甫《送樊二十三侍御赴汉中判官》中的"恸哭苍烟根，山门万重闭"，对国家未来表示深深忧虑，这时人与人之间的离别情绪被人们对大环境的忧虑淡化了。

在那个时代，送别诗中也有对被贬谪者的安慰，这很少出现在集体送别的情况下。古代学子落第、官员被贬谪是非常普遍的现象，所以人们在送别时多会鼓励远行人尽快振作起来，也会表示同情和安慰。王维《送丘为落第归江东》中的"怜君不得意，况复柳条春"，便表达了对好友处境的同情。类似的诗作在唐诗中较为多见。

个人送别大多出于本意，交心即可，无标题限制，无文风限制，无创作约束，可表达鼓励、同情，也可表达不舍。这些情感已回归人们的情感本身，脱离了集体创作套路的限制，更容易出精品。

送别情结

唐人有折柳赠别之俗。唐人延续前人风俗，为亲朋好友送别时，送行者折柳条赠给远行者。折柳的习俗，一说是因柳树自活性较强，折柳相送，希望友人、亲人能够有如柳树随地可活，到异地后随遇而安，保重自己。还有一说，认为古人有插柳、戴柳的习惯。在他们心中柳枝有着驱鬼辟邪的作用，送于友人，更有保护友人平安的寓意。当然，最为人熟知的说法是三个关于柳的谐音："柳"与"留"谐音，表达送行人不舍、留人的想法；柳絮的"絮"与情绪的"绪"谐音，表达了离别带来的情绪；柳丝中的"丝"与"思"谐音，表达了思念的态度。

杨巨源《和练秀才杨柳》的"水边杨柳曲尘丝，立马烦君折一枝"，把不舍离别之情表达得淋漓尽致。李白《春夜洛城闻笛》："此夜曲中闻折柳，何人不起故园情。"其中提到的"闻折柳"，是唐人送别的指定曲，每每听起就会惦念对方。

除了折柳情结，唐人的送别还有时间情结。现代人送别可以随时随地，古人的送别时间和地点都有讲究。在时间上，从《全唐诗》看，古人送别多选在黄昏或稍微晚一点，个别出现在白天或者早晨。为何会这样呢？或许这与唐人就餐习惯有关。唐朝人仍保持一天吃两顿的生活习惯，早晨大约是上午九至十点为一天的第一餐，是"朝食"，下午三点至四点为第二餐，叫作"晡食"。

人们习惯把"晡食"作为饯别宴席。吃完这一餐后，该远行的人远行，大约行二十里左右找客栈住下，这成为一些唐人出行的基本流程。傍晚送别，依依不舍，情深义重，不乏其例。刘禹锡在《送李庚先辈赴选》中说道："离筵洛水侵杯色，征路函关向晚尘。"这里的"向晚尘"说的就是傍晚送别的情况，宴会结束后也快到傍晚了，送行人和远行人就此别过。杜甫《送杜十四之江南》的"日暮征帆何处泊，天涯一望断人肠"之句，提到了送别的时间在日暮黄昏。

唐人的折柳之俗和黄昏送别有其特定的时代特性，想其黄昏时刻，离人远行，折柳相送，定值得余生回忆。而今人在延续中华优秀传统文化的行动中，对这一习俗也是有所承继和发扬的。在2022年2月20日晚举行的北京2022冬奥会闭幕式上的文艺演出节目中，即有折柳送别的环节。在悠扬的《送别》音乐中，舞蹈演员化身柳枝，其他演员手捧柳条，表达了中国式的浪漫，以及对所有参赛运动员的不舍情感，并希望和平友谊的心声随着柳枝传递出去。

第四章

家庭生活

一、如何解决大龄剩女问题？唐朝剩女的逆袭之路

近年来，大龄青年在婚恋交友上的难题似乎越来越突出，一方面有生活节奏、生活压力的因素；另一方面，也因为人们的婚恋观、价值观在不断变化。不少人认为中国的大龄青年只会越来越多。其实，"大龄青年"并非现代问题，在唐朝也有。那么，唐朝的"大龄剩女"有哪些特点？唐人又是如何尝试解决这个问题的呢？

剩女年龄标准

首先要说明的一点是，在唐朝尚未有"大龄剩女"的提法，为了便于对比分析，姑且把长期未婚嫁的女子统称为大龄剩女。

十三岁至十五岁的女子，在现代还是小学六年级到初三的学生，而在唐朝则已到了法定结婚的年龄了。对于大部分人唐朝女子而言，十五岁是她们新的人生起点，未嫁的要考虑嫁人，已嫁的则要承担新家庭的责任了。唐太宗时期的法定结婚年龄为女子十五，男子二十；到了唐玄宗开元二十二年（734），明确女子十三岁，男子十五岁，可婚嫁，法定结婚年龄越来越小。从以上诏令可以看出，唐朝不同时期对法定结婚年龄的要求有差异，女子法定婚龄约为十五岁左右。在出土的唐朝墓志中也有此类记载，女子初次出嫁的年龄有十一岁、十三岁，大多数维持在十五岁左右，个别有二十七岁的。估计二十七岁的女子在唐朝属于"剩女"行列了。唐诗中常见唐朝女子婚配时间的说法。李白《长干行》中说："十四为君

妇，羞颜未尝开。"明确提到唐朝女子十四岁嫁人的场景；而另外一名女子"十四藏六亲，悬知犹未嫁。十五泣春风，背面秋千下"，到了十五岁还没有嫁人，心里悲切伤心。可见，女子过了十五岁就应嫁人已是唐人的普遍认知。至于唐朝女子在哪个年龄段还未嫁才算大龄，每个人心中都有自己的答案。

在这种对女子婚龄有普遍认知的情况下，为什么还有公主或平民百姓家的女子嫁不出去呢？

皇帝也愁嫁女

都说皇帝的女儿不愁嫁。在很多人看来，娶了公主，成为驸马与一步登天是同义词。事实上，皇帝的女儿也愁嫁。比如，唐文宗想把真源、临真二位公主嫁给山东旧士族崔、卢两家，不料遭到崔、卢两家的拒绝。唐文宗生气地对宰相说："都说民间谈婚论嫁，不计较官位品秩而崇尚世家门第，我李家做了两百年天子，难道还不如崔、卢家吗？"为什么会发生这种拒绝皇家嫁女的事情呢，主要有两个原因。

第一个原因，是门阀旧士族与以皇帝为首的新贵族势力之间矛盾重重。旧士族与新贵族之间的矛盾是唐朝中前期的主要政治矛盾之一，旧士族的社会影响力远远大于皇室。时人讲究门阀和门第，认为只有旧士族才是真正的门阀，社会观点中不认为皇室是门第中最高的。"卧榻之侧岂容他人鼾睡"，历任皇帝无法容忍这样的事情。时人认为，门阀旧士族有：太原王氏、清河崔氏、范阳卢氏、陇西李氏、荥阳郑氏。于是，唐太宗命人编纂《士族志》，重新按照朝廷官品高低定门第高低。但靠行政命令仍不能消除这种社会影响，旧士族以婚姻为纽带组建圈子，利用其社会威望拒绝其他圈子人员参与，这种情况直到旧士族瓦解才渐渐消失。

旧士族不愿意与皇室攀上关系，不愿意娶公主，这是政治对抗的一种延伸。那么，新贵族或者其他高门大户呢？事实上，他们也不愿意。从数据上看，已婚的一百三十多位唐朝公主中，她们的驸马有一番作为的仅有两人。唐朝男子对驸马这个"工作岗位"敬而远之，主要是因为唐朝公主们的名声不佳：有的患有严重的"公主病"；有的私生活很奔放；有的野心大，希望成为下一任皇帝。无论哪一种情况，都不符合这些家族婚姻的利益诉求。

要是娶了一个"公主病"的公主，等于供了一个祖宗，关键还得罪不起，稍有不慎，整个家族就会因为这桩婚姻给搭进去了。要是娶一个作风奔放的，在礼法至上的封建家庭中受不了这种刺激。比如，永嘉公主嫁给了窦奉节，与杨豫之私通；合浦公主嫁给了房遗爱，与辩机和尚私通；安乐公主嫁给了武崇训，与武延秀私通。又如，有野心的公主李裹儿希望像武则天一样成为皇帝，操纵傀儡掌控朝政，最终被李隆基杀死了。

政治对抗导致旧士族的精英不愿意娶公主，公主名声不佳导致青年才俊不愿娶公主。不过，我们也不用操心，皇帝虽然愁嫁公主，但是总能嫁出去，毕竟有权有钱。但是，平民百姓的女子要出嫁就不那么容易了。

百姓剩女难嫁

唐朝婚姻不仅重视门第，更重视财物，明媒正娶的妻子必须要有丰厚的嫁妆，因为其丰厚程度决定了她在夫家的地位。实际上，平民百姓陪嫁之风源于唐朝贵族。这种社会风气引起了宰相高俭的注意，他上书唐太宗，希望禁止奢靡的陪嫁习俗，建议禁止夫家收取女方陪嫁。实际上，这个政策并没有落实到位，因此许多百姓家女子的婚姻就被耽误了，出现了贫女难嫁的社会现象。

白居易在《议婚》一诗中提到："颜色非相远，贫富则有殊。"女子们长得不相上下，但是贫富差距有点大：富裕家的女子"母兄未开口，已嫁不须臾"，根本不用担心，分分钟就嫁出去了，也不用母亲和兄长费心开口；而贫家的女子"绿窗贫家女，寂寞二十余"，二十多岁还没有嫁出去。于是，白居易发出了"富家女易嫁，贫家女难嫁"的感慨。还有一则唐昭宗光化年间的故事：一个叫刘道济的人在国清寺借宿，那段时间他每晚都能梦到一名美丽女子到他的窗前，愿意与他结为夫妻。后来才知道，住的地方原来有一个女子"有美才，贫而未聘"，生前非常漂亮，却因家贫而无人娶，只能用托梦的方式把自己嫁出去。这故事有点诡异，但是反映出唐朝贫女难嫁的社会现状。

唐代贫家女子出嫁时，主流的陪嫁物是田地和房产。女子的出生对贫困之家来说无异于雪上加霜，厚嫁之风的盛行给普通百姓带来了巨大的生活压力。《唐国史补》记载，唐朝太尉韦皋在西川做官时，曾资助女子的嫁妆一万钱。

贫困家庭中的女子，成为富贵人家、贵族之家妻妾的概率不大，而同为寒门的青年男子参加科举考试，也会选择富贵人家投资，通过联姻提升仕途地位。上攀无望，同阶无人，贫家女因无丰厚嫁妆，也没有社会地位，只能枯守成"剩女"。剩女现象成为唐朝中晚期的社会问题。上文白居易在《议婚》中一针见血提到的问题，杜甫在《负薪行》中也有提及，描述了四五十岁的未嫁女，头发白了一半，却梳着处女的发髻，饱受风霜，常年辛劳。

二、结婚有哪些规矩？ 唐人的结婚风俗

　　婚姻就像一个时代的缩影，能让我们一窥其背后的真实。唐人的婚姻究竟是什么样的呢？唐人结婚有什么制度规定，有哪些规矩呢？

唐人的择偶标准

　　唐人非常讲究门当户对，具体表现为：在物质方面，唐人注重女方的资财、男方的功名和家族的底蕴；在精神层面，尤其注重门第、阶层和礼法。唐朝社会不允许不同阶层的男女通婚，同一阶层中如门第不对等，也不允许婚配。

　　门当户对是择偶的标准之一。唐初的门阀士族的势力逐渐衰落，但门阀士族依旧自视甚高，不愿与富裕之家、唐朝新贵结为亲家。那时的唐人心中，旧门阀士族的社会威望不减，一些风俗仍影响着唐朝社会。虽然从唐太宗李世民开始就着手抑制和打击门阀士族，但是时人仍以与旧门阀结亲为荣。比如，房玄龄、魏征等大臣就不顾皇帝的意愿，与旧门阀结亲。

　　多有聘资，讲究物质条件，是择偶的另一标准。唐朝社会嫁女娶妻均有重钱财的风俗，有的人为了娶女出高额彩礼，有的对女儿嫁资明码标价，有的为了攀附门第，不惜出"陪门财"。一句话，没有钱真的结不了婚。礼部尚书许敬宗就因为嫁女儿换取高额彩礼的事情被弹劾了，最终被贬为郑州刺史，这段历史也就成为他的一段黑历史。据《太平广记》记载，范阳卢氏女儿出家聘财明码标价，"聘财必以百万为约，不满此数，义在不行"。普通百姓中，也有一些父母在为子女结亲时，重钱财而不顾对方年龄，把年纪轻

轻的女儿嫁给年老的男子，以获取聘资。

　　唐代风俗中，若女家门第名望不如夫家，为了攀附门第，女方要不惜增加陪嫁的财物方可成婚，所谓"门第不够钱来凑"。唐高宗质疑百官，有的官员竟然以卖婚为荣。于是，唐高宗下诏，规定三品以上之家，不得收绢（唐朝流通货币之一，功能同铜钱）超过三百匹，四品和五品不得超过二百匹，六品和七品不得超过一百匹，同时也明确了夫家不得收陪门财。事实证明，此类行为并未因诏令的禁止而有所收敛。

　　除了讲究门第和多求聘财，也有个别唐人重视郎才女貌，看重潜力和人才。尤其是寒士参加科举考试以后，一些公卿家族也会到新科进士参加的曲江宴饮处择婿。《太平广记》中虽有民间女子的婚配对象并非门第之家、文人墨客的记录，但这并非唐朝主流的婚配观。

法律保护的婚姻

　　唐朝结婚讲究明媒正娶，哪些婚姻是受到法律保护的？唐律明确了婚姻的合法性，有三种婚姻受到官方保护。

　　第一种，有婚书的婚姻。历史上，唐朝首次在法典中明确了"为婚之法，必有行媒"，媒人在唐人的婚姻中承担了重要的中介作用。民间也有"无媒人不得结婚"的说法，而真正做主婚嫁的一般是他们的父母或长辈。以上确定后，要履行婚书程序。婚书，类似今人的结婚证。有了婚书，就有法律保障。整个流程是这样的：男方给出"通婚书"（男方家长给女方家长的问候和确定婚事的信函），女方给出"答婚书"（女方家长出于礼貌回复的信函），婚书正式生效。如此一来，婚书算得到了官方认证。

　　第二种，没有婚书，但属事实私约的婚姻。事实私约，类似私奔或事实婚姻。唐朝的风俗并不反对私约，这风俗一直持续到民国时期。但是有一点需要说明，在唐朝，私约婚姻即便受到保护，女子成为正妻的可能性也不大，因其并非明媒正娶。

第三种，接受了彩礼的婚姻。除了婚书、私约外，女方接受了彩礼也说明接受了婚约，相应受到法律保护。现在中国农村的一些地方仍保留了接受彩礼视同结婚的风俗。

唐人对待婚姻很慎重，实行"一夫一妻"制。唐律规定符合以上三种婚约形式的，受到法律保护。禁止一女两许，更禁止有妻再娶。有了婚书或私约的，要是毁约了，杖六十；如又答应他人婚约的，杖一百；若与后面答应婚约的人成婚，监禁一年半；后面娶这女子的男子（唐律把这叫作"后夫"）要是知情的话，减刑一等处理（差不多是监禁一年）；女的要与前夫结婚，前夫不愿意的话，把聘礼归还前夫，与后夫婚姻就合法了。

复杂的婚姻程序

确定了择偶标准，履行了相关手续，下面就是结婚流程了。对于媒人相托的婚姻，唐朝的议婚和成婚包括纳彩、问名、纳吉、纳征、请期和亲迎等六礼，这与现代基本相同，只是换了说法而已。

纳彩即男方托媒人带着礼物提亲，接受礼物视同接受此门亲事，反之亦然。纳彩结束后，媒人要去女方家中询问待嫁女子的健康状况、容貌、身份（是否庶出）、财产，最重要的是生辰八字。

纳彩、问名后，男方凭借生辰八字占卜，看生辰八字是否合拍。若不合（凶卜），一般情况会悔婚；若是大吉，男方就去女方家订婚。到了纳征阶段，男方派有地位的两位青年作为函使和副函使送上彩礼，附上"通婚书"，女方回赠礼物和"答婚书"。基本上到了这一环节，这对男女的婚姻便受到法律保护了，双方不得悔婚，否则会受到相应处罚。

成亲前的最后一个环节是双方商量结婚日子，被唐人称为请期。若简化流程，唐人会将纳征和请期一起讨论确定。

以上五个环节结束后，就按选定的吉日结婚吧。这就是六礼的最后一个环节，新郎去女方家迎接新娘。相比前面的五礼，这一环节非常烦琐。

在男女的服装上，一般是男子一身红色，女子一身青绿色，一红一绿承载了人们对婚姻美好的祝福。

婚礼仪式中的"下婿"，也叫作"拦门"，被现代人延续下来。在这个环节，新郎会遭到女方家亲朋好友的"阻挠"。一般情况下，"拦门团"对新郎较为客气，新郎不吝啬的话，给足礼物或者红包即可，但是新郎带来的傧客（现代意义上的伴郎）会被揍一顿。

过了下婿这一关还远远不够，接下来的催妆风俗是对于新郎的文化考验，顾名思义，就是催化妆，等新娘从闺阁中出来。催妆诗是娶媳妇必备的文化用品，可以现场做，也可以"抄作业"，用现成的。比如，《太平广记》中所言，状元卢储的催妆诗就是自己做的："昔年将去玉京游，第一仙人许状头。今日幸为秦晋会，早教鸾凤下妆楼。"他说自己曾经在赶考的路上得到了现在妻子的认可，考中了状元，并履行了娶她为妻的承诺。

催妆后，结婚还没有结束。这时，新娘以圆扇遮面走了出来。想要看到新娘的脸吗？可以！新郎要继续诗歌朗诵，这环节叫作"却扇诗"。有名的"却扇诗"有唐朝杨师道的《初宵看婚》："洛城花烛动，戚里画新蛾。隐扇羞应惯，含情愁已多。轻啼湿红粉，微睇转横波。更笑巫山曲，空传暮雨过。"

接到新娘后，准备回新郎家，在路上会遭遇障车风俗。简而言之，就是在回程路上有"吃瓜群众"拦车，索取礼物、酒水等。

接下来，是拜堂入洞房的环节。不过在北方一带，拜堂有在"青庐"中举行的。夫妻结婚要在一个用青布搭建的临时帐篷中，结婚当天不能住进新房。据说，"青庐"就是在住宅西南角的"吉地"。

有的地方风俗中，有一个叫作"结发"的环节。在这环节中，把新郎和新娘的头发各剪下一缕，用线绑在一起，放在锦囊中，"结发夫妻"就是这样来的。有人要问了，我是二婚，还能有这个仪式吗？想都别想，这是初婚的专属仪式。

唐人结婚讲究门当户对，讲究资财，也有浪漫的郎才女貌。婚姻作为这个时代的一个瞭望镜，从古代看到现代，婚姻程序复杂未必是坏事。我身边一个朋友提到，结一次婚，就像脱了好几层皮，结婚的仪式感有了，再婚的想法就被灭了。虽是笑谈，但在这个重视仪式感和礼仪的社会中，饱含多层含义的婚礼也一定程度上预示了对婚姻的重视程度。若从这个角度理解，或多或少能明白唐人那繁杂的结婚流程了。

三、唐朝男子纳妾算不算结婚？ 唐朝小妾成长记

对于唐朝的绝大部分有条件的男子来说，一生不会只娶一妻，而是一妻多妾。在现代人看来，古代的男人多幸福，娇妻美妾，人生巅峰，可古代的妾太可怜了，要与多个女人争宠，共享婚姻关系，又没有地位。那么，在女性地位有所提升的唐朝，妻妾关系如何呢？男子纳妾算不算结婚？

地位泾渭分明

唐朝非常重视门第，讲究门当户对，讲究社会等级，不同阶层的男女不允许结婚。唐律把人分为贵人、良人、贱人和奴婢四个等级，除了贵人和良人可以通婚，其他的跨等级通婚都被严令禁止。必须要说明，这里说的通婚仅是指娶妻嫁女，是俗称中的正妻、大房。明媒正娶八抬大轿带着嫁妆嫁进

来的正妻，在家中地位也比较高，与丈夫地位一样。而小妾就没有那么多讲究，可以随意买卖、转让和赠送，在家庭中的地位并不高。妾进入家庭后，除了依附丈夫，为夫家生个一儿半女，除此似乎没有其他倚仗。

妾地位低下，男子在纳妾后也不会改变他的婚姻状况。在唐朝，即使小妾与丈夫生儿育女，但如果丈夫并没有娶过妻，在社会风俗中仍会认为这名男子为未婚，国家户籍登记不会承认他已婚。因为在唐人看来，纳妾不是婚姻的一种。这样的情况在唐朝史料中多有记载，如王恒泛虽与小妾生育了儿子，却仍是未婚，所以临死也无妻子操办丧事。

除了在户籍制度上的尊卑差异，在丧葬和祭祀等礼仪上也有云泥之别。一是妻子去世后可以与丈夫合葬，但妾没有此资格，在妾去世后，仅能作为丈夫和正妻的陪葬。唐朝多则墓志材料都佐证了这个说法。《唐故处士崔府君墓志铭并序》记载："前夫人卢氏早岁祔矣，李夫人（后夫人）克生司直，今陪葬焉。"二是妻子可进祖庙，但是妾不算家庭成员，更没有此资格参加祖庙祭祀。三是官员和权贵的封荫之典，只有妻可以参加，妾是没有机会和资格参加的。

此外，妾生子的社会地位也能看出妾与妻的差别。在唐朝，妾只是家中一项有点价值的物件，可以转让，可以售卖，可以赠送。如果生了孩子，能母凭子贵吗？答曰：不能。在唐朝，妾生的孩子是庶子，要交给妻子来抚养，生母只能被称为姨或姨娘，在民间和后宫都是这样的。据《称谓录》，"今人多称本生之妾母曰姨，盖其由来已久矣。"说的就是这个习俗。在现代看来，这已有违人伦。不仅如此，拥有继承权的只能是正房生的孩子、嫡子，而庶子并无继承权。

还有，庶子没资格安葬自己的生母。唐初大臣丘行恭为小妾所生，他的生母去世后，丘行恭就想给母亲风光大葬，尽一尽孝道。但他的嫡兄丘师利，只想用小妾的礼仪下葬丘行恭的生母，于是两人争吵不休。有心之人知道这事后，向李世民弹劾丘行恭违反礼法。这事要搁在现代，丘行恭的行为可谓孝心可嘉，但是在当时，暂不论风光大葬小妾身份的母亲是否合理，作为庶子，是没有资格做这事的，这是违反纲常的忤逆不悌之罪，是要坐牢的。李世民对此也无法包庇，将丘行恭贬为庶民。从大臣到庶民，处罚不可谓不重。还有，妾生子的社会地位低下，还表现在结婚上也无法选择高于自己门户的妻子。

妻悍妾弱

　　史料记载，隋唐"悍妻"比任何朝代都多。妻子对丈夫的管控已到了无以复加的程度，民间和宫中都有这样的案例。隋文帝怕妻到了极致。按理说做到皇帝这份上，三宫六院是基本配置，然而独孤皇后不愿意。隋文帝觉得，平民百姓家也不至于这样。于是偷偷与后宫女子相会，被独孤皇后发现后，全部杀掉，隋文帝感慨贵为天子但是不得自由。这是发生在有实权的皇室，实际上，在民间，妻子对妾欺凌甚至将其杀死的情况也不乏其例。《太平广记·归秦》中记载：沈询有个婢妾，他的妻子很妒忌，私下把妾配给了家人归秦，沈询对此却制止不了。《旧唐书·房孺复传》中记载，房孺复的妻子崔氏妒悍异常，竟"一夕仗杀孺复侍儿二人，埋之雪中"。

　　唐朝多产悍妻，不仅欺负妾，还会因为妒妾而欺负丈夫。史籍中就有官员因害怕妻子而被罢官的故事。阮县令让奴婢唱歌给客人助兴，女婢助兴本是唐朝交际礼仪，但阮县令夫人袒露胳膊，拔刀就上，把客人全部吓跑了，阮县令也钻到了床底。阮县令的上司看不惯这事，在当年的考核中直接给阮县令最差考核。他的理由比较简单：你媳妇都不管好，还指望你管理一个县的平民百姓吗？阮县令的官职就这样没有了。

　　在现代男人看来，妻妾成群似乎是一种美梦。但是，通观唐朝嫡庶有别、尊卑等级森严的婚姻制度，可见后院是正妻的天地，有的女子自从踏上为妾的人生道路，便命运多舛。

妾不能转妻

唐朝妻妾地位泾渭分明，妻是女子们的愿景，但有的女子因其身份注定成为妾，也有因为战败、被抄家处罚等后天原因沦为妾的，无从选择自己的命运。

妾地位虽然低于正妻，但是仍稍高于奴婢，唐朝法律对哪些女子成为妾是有明令的。第一种情况，是良人出生的女子。所谓"妾者，娶良人为之"。第二种情况，如果是奴婢要想成为妾，可在家主临幸的情况下生儿育女，待其身份调整为良人，才能有机会变为妾。第三种情况，是"聘则为妻奔是妾"。私奔者只能以妾自居，"聘则为妻，奔则为妾"说的就是古时女子不经媒人撮合而私自投奔所爱的人，便只能为妾。卓文君和司马相如轰轰烈烈的爱情故事感动后世，但在时人看来，"夜亡奔相如"的文君不会得到丈夫家族的承认，只能被迫为妾。

被丈夫宠爱的妾有没有可能转正为妻？唐律规定，以妾为妻的，要接受为期一年半的处罚，在处罚结束后，妾还要回归妾的身份。唐朝宰相、《通典》的作者杜佑在妻子梁氏过世后，执意将小妾李氏扶为正室，遭到家族成员的万般反对。杜佑仍坚持自己的做法，为此招致时人非议。当然，杜佑死后，与他合葬的也并非小妾而只能是原配梁氏，墓志上也只有梁氏。在时人看来，妾根本就没有资格出现在墓志上。杜佑的遭遇就源于此世俗之见。

不仅晋升无望，妾的身份还可能承担更多责任。因为，在法律面前，妻妾地位根本不同等，相对而言，妾要承担的法律责任比妻要重。唐律规定：丈夫殴打妻子，致妻子出现伤残情况，比殴伤常人减罪二等，殴打致死则与常人同论；丈夫殴伤妾，比殴伤妻子减罪二等；丈夫殴伤婢，无罪。也就是说，丈夫把妻子打伤残，比打常人要减罪二等，如把妾打伤残，比妻子处罚减二等，即比打常人伤残减罪四等。

"宁做穷人妻，不做富人妾。"小妾没有继承财产的权利，生的孩子只能算庶出，自己生的孩子不能叫自己为亲娘，死后不能进祖庙，也不能与丈夫合葬，更没有机会转正为妻，其一生只能依附丈夫，且稍有不慎便可能被欺凌和杀害。这就是唐朝小妾成长中的真相，真是可悲可叹！

四、唐朝哪些男男女女不能结婚? 唐人的禁婚制度

哪些人不能结婚? 古人出台了相关法令，明确了禁婚范围，对违反规则者给予判刑或其他处罚，这是古人的禁婚制度。从一开始的同姓不婚、尊亲丧不婚、尊卑不婚等一路变革发展，禁婚制度到唐朝进入了相对成熟的阶段。唐朝有身份禁婚、时间禁婚和行为禁婚等三种类型的禁婚范围。

身份禁婚

身份禁婚分为同姓禁婚、亲属禁婚和阶层禁婚三种类型。

唐朝有一则轶事，唐文宗时期，有一名叫李回的官员在任建州刺史时，曾有人上书告他，其中第一条就是与同姓女子结婚，遭到贬职直至去世。同姓不婚在古代有悠久的历史，以法令的形式出现却是在唐朝。唐法令《唐律疏议·户婚律》规定："诸同姓为婚者，徒三年，缌麻以上，以奸论。"同姓结婚，有期徒刑三年；五服之内的亲戚结婚，以通奸论。这属于同姓禁婚的典型例子，这说明朝廷已充分认识到近亲、近族婚姻的危害。

在唐朝，同宗同姓、不同宗同姓均在禁止结婚范围。唐文宗想要纳李孝本之女，被大臣劝谏"宗姓不异，宠幸何名"——你们姓都一样，凭借哪些

规定可宠幸她呢？最终，唐文宗放弃了这一想法，说明即便是皇帝也要遵守同姓禁婚的规定。

同宗不同姓也不得结婚。这是因为古代被赐姓、改姓是常有的事，或因为某种原因已不是同姓，出现了同宗不同姓的情况，唐律规定，这也属于同姓禁婚的范围。例如，唐大臣李勣本姓徐，李为被赐的国姓，他家不能与姓徐的通婚。当然，如果不同姓，又查不到两人属同一祖宗，便不在禁婚范围。

那么，同音不同姓能否结婚呢？比如，阳姓和杨姓，这应没有近亲结婚的概率吧？答案是：也不行。唐律规定，因为它们听起来无法分辨，为了规避风险，也不得结婚。

如果结婚时双方的姓氏不能确知（无法可追溯，可能是人口变动，也可能是经常改姓），怎么办？唐律给出了办法，可采用占卜的方式解决这个问题。"未知同姓为妾，合得何罪？答曰："妾不知其姓，则卜之。"同姓禁婚一直到清朝才退出历史舞台。

以上是同姓禁婚范围，基于身份的禁令还有不得娶亲属为妻妾。对此，唐律规定比较详细，不得与自己的外祖父母、舅舅、姨、妻之父母发生婚姻关系；同母异父之间不得发生婚姻关系，不得与自己妻子和前夫所生的女儿发生婚姻关系；不得与父母之姑、两姨姊妹、姨、堂姨、母之姑、堂姑发生婚姻关系等。当与现代差异较大的是，唐朝政府不禁止同辈近亲的婚姻关系，因为不违反伦理。表亲虽为近亲，不仅未被禁止，还被传为亲上加亲的佳话。唐人一方面是认识到近亲结婚的严重性，禁止同姓结婚；另一方面，却对同辈的近亲结婚不加禁止，划入可婚的范围。

除了以上同姓禁婚、亲属禁婚等范围，不同阶层之间也有禁婚的情况。社会身份、等级是封建王朝上层阶级自我保护的外壳。比如，官民不婚。当官者上任之日起，本人和其亲属均不得娶所管辖地区的女子为妾，但有两种情况不予以处理：一是订婚在前，当官在后；二是门当户对，士族门阀门当户对之家不在此条禁例之内。为什么朝廷如此规定？客观上，是出于维护等级制度的初衷，也为防止官员利用职务之便欺压百姓。唐朝江都尉吴湘被判死刑的罪状中，列有"娶百姓颜悦女为妻"，这严重违反了严禁娶辖区女子为妻的禁令。不仅如此，吴湘的妻子和岳母被判处笞刑，后释放。此案后经重核，确认为误判——颜悦并非平民百姓，所以符合婚姻政策。从这点看，唐朝官民不婚的禁令是存在的。

又如，良贱不婚，士庶良贱结婚为当时礼法所不容。夏商周时期，严禁良贱结婚，贵族只能娶贵族女子为妻，奴隶只能娶奴隶之女为妻，泾渭分明，保证血统纯正。到了唐朝，良贱不婚的要求更加严格。良民的主体是农民，贱民分为官方贱民和私人贱民，分别是官府奴婢（官贱）和私人家仆（私贱），被视为私有财产。换句话说，贱民地位可能比牛都低一等，对于唐朝的贵族而言，杀贱民无须负法律责任。良贱不婚的总体指导思想为"人各有志，色类须同，良贱既疏，何宜配合"①。同时规定，若主人为自家奴婢娶良人女为妻，主人判处一年半徒刑，女家尊长判处一年徒刑，婚姻判离。如若奴婢自行娶良人女为妻，主人知情者杖一百，婚姻判离。以奴婢冒充良人、嫁娶良人为夫妇者，徒刑二年。

唐朝的妻妾地位泾渭分明，为了保护妻子的社会地位，严禁妾转妻。把明媒正娶的妻子当成妾，把婢女当成妻子结婚，判处两年徒刑；如果与妾和客女（部曲家的女儿、买来的女子）结婚，当成妻子，判处一年半。这些都是禁婚的范围。也就是说。在唐朝，妾、婢、客女转正的机会特别少，即便妻子去世，丈夫也不能把婢女、妾转正为妻子。这一条，郑重保护了所有明媒正娶的妻子的利益。

---

① 见《唐律疏议·户婚律》。

其他禁婚

即便身份不在禁婚范围内，也要考虑这段时间是否可以结婚。有的时间点是不能结婚的，唐律对此也有规定：一是皇帝驾崩，举国哀悼期间禁止结婚，以三日为限，三日后不限婚嫁；二是父母丧期，丈夫丧期禁婚，否则徒刑三年，妾减三等处罚，要求离婚。与此同时，主持婚嫁之人，也要受到杖一百的处罚。在唐朝，父母丧期内嫁娶，当事人必须受到处罚，其他知情并参与帮助的人也必须被适当处罚。但是，若能证明双方均不知情，则无罪。在丧期结婚于礼法不合，予以禁止、处罚的做法充分维护了封建礼制。当然也有例外，为国牺牲（捐躯）者的后代子孙在家贫且无依无靠的情况下，可以在居丧期间嫁娶。

此外，祖父母或父母被囚禁期间，依唐律规定也不可婚嫁。若祖父母或父母犯的是死罪，违规嫁娶徒刑一年半；若祖父母或父母犯的是流罪，违规嫁娶者徒刑一年；若祖父母或父母犯的是徒刑，违规嫁娶者杖一百。这些细节，体现了唐律的孝道文化。当然，如果祖父母或父母同意子女婚嫁，可以免于责罚。

再者，对犯罪逃亡女性、守节寡妇的婚嫁也有明确的要求。唐律规定，如果男子娶了犯罪的逃亡女性，知情而娶的，男子要与女子受到同样的处罚；若女子原本是死罪逃亡，男子将受到流刑三千里的处罚。唐律还规定，寡妇若不愿意再嫁，不得强制，违背寡妇意愿强制婚嫁的参与者，视情节轻重给予相应处理。从这一点看，唐朝较前朝更加尊重女性意愿。

五、古代女子离婚方便吗? 唐女子的离婚风俗

　　"宁拆十座庙，不毁一桩婚。"婚姻和和美美是很多人一生的追求。而且，婚姻是"合二姓之好"，对于古人而言，结婚不仅是个人的事情，更是两个家族的事情。尤其在唐朝，婚姻关系的建立与门第有关，在封建礼法的限定下，离婚情况应远远少于现代人。但非常可贵的是，唐朝已从法律层面确定了离婚制度，继承了古代传统离婚要求的同时，也体现了时代特色。问题来了，唐人离婚容易不容易? 唐人离婚有哪些情形，与现代人离婚有哪些差异呢?

协议离婚

　　现代人的离婚模式以协议离婚为主，实际上，唐人已开创了协议离婚的先河。他们把这叫作"和离"，从字面上理解，就是和平离婚的意思。从敦煌遗书《放妻书》中，可感受到唐人离婚的优雅。这在当时属于"文书"，类似现代人的离婚证明。立此文书的赵某说："三载结缘，则夫妇相和；三年有怨，则来仇隙。"他们最终没有熬过"七年之痒"，好聚好散，一别两宽，各生欢喜，不少人认为这算是历史上最为温柔的离婚书了。

　　和离是夫妻双方自愿离婚而官府同意的离婚方式，这是封建王朝中唯一一个关注双方感情状况的离婚制度。《唐律疏议·户婚律》规定，"彼此情不得，两愿离者"，"若夫妻不相安谐而和离者，不坐"。也就是说，夫妻双方感情不和谐，没有感情基础的情况下，妻子可以申请离婚，只要双方

态度一致，不予处罚。史载中不乏这样的例子。殿中侍御史李逢年的妻子是中丞郑昉之女，但是两人感情不和，最终申请和离。《唐陕州安邑县丞沈君妻弘农杨夫人墓志铭》中提到，安邑县丞沈君妻弘农杨夫人和离后，疾病缠身，希望复婚。

因为感情不和可以申请和离，也有因为家庭贫穷申请离婚的情况，"家资须却少多，家活渐渐存活不得。今亲姻村巷等与妻阿孟对众平论，判分离别……"这是妻子离开丈夫，另谋出路。

但是，妻子提出离婚，丈夫能同意的概率不大。唐律规定，若妻子提出离婚但丈夫不同意，是不可以离婚的。这便是男尊女卑的体现。唐朝的男性始终掌握婚姻主动权，加上女子是婚姻双方的弱势一方，且受到经济因素的影响，和离的成功率不高。当然，如果是丈夫提出离婚，妻子被迫同意的可能性大一些，这样就保留了双方家族的颜面。

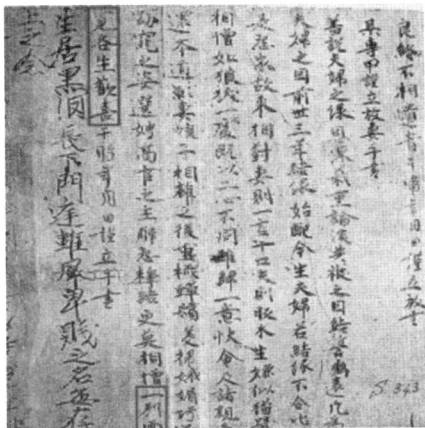

敦煌莫高窟发现的《放妻书》[1]

目前主流观点认为，唐朝女性的离婚自由权仍然是在夫权下的挣扎，因为能否离婚最终由夫家说了算，而当时的官府对女性离婚也常持有劝回的态度。但是笔者认为，在封建思想严重束缚的情况下，任何一点进步都值得称赞，即便当代人想要离婚也不是一件容易之事。

---

① 该《放妻书》，用作敦煌当地人离婚样本，具有历史参考价值，体现了民间离婚的实际情况。

强制离婚

既有协议离婚的"和离"，也会有强制离婚。唐人的强制离婚又分为官府强制离婚和夫家强制离婚两种。

"义绝"是官府强制离婚的一种情形，首创于唐朝，其意思为夫妻之间恩断义绝。官府强制双方离异，要是不离异，判处"徒一年"惩罚，再责成离婚。换句话说，夫妻双方在"义"上出问题，必须分开，即"绝"，再也无复合的可能性。

以下情况可判为义绝：丈夫杀了妻子的外祖父母或外伯叔父母、兄、弟、姑、姊妹等，得离；丈夫殴打妻子的祖父母、父母，得离；妻子把婆婆给气死了，虽然不太好界定，是婆婆心态不稳定还是身体不好，只要丈夫提到这原因，得离；婆婆与自家母亲打架，还得离……例如，史料记载，晋阳县主簿姜缺，对妻刘氏有家庭暴力行为，刘氏堂舅认为姜缺的行为违反了夫妇之道，以义绝为由，要求离婚。

除了义绝，"为婚妄冒"也被纳入强制离婚范围。所谓妄冒，是指婚姻双方有一方弄虚作假，违约骗婚。唐律规定，妄冒分为两种：女方妄冒，徒一年；男方妄冒，加重一等处理。

当然，违反了禁婚政策的，也将被官府强制离婚。比如，已有婚约的女子不得再嫁给其他人。按道理，已接受聘礼等有婚约关系的女子，即使没有举办婚礼，也视同为他人妇，在悔亲之前不得再嫁他人，否则要被强制离婚。不得有妻再娶，也就是遵守我们常说的"一夫一妻制"。理论上，妾可以多娶，妻子只限定一个，否则国家有权强制离婚。

除官府强制离婚外，丈夫也可以休妻，即强制离婚，这是封建社会赋予男人的特权。从另一方面说，规定了哪些情况下可以休妻，其他情况下不得休妻，也在一定程度上保护了妻子的权利。

在妻子无子的情况下，丈夫可以提出休妻。现代人对女人怀孕这事有了科学的认识，生不出孩子可能是妻子的原因，也可能是丈夫的原因，但是唐人并没有认识到这一点。在"不孝有三，无后为大"的传统礼法约束下，生不出孩子一定是女人的责任。无子休书对很多女人来说绝对是耻辱，张籍《离妇》中有"十载来夫家，闺门无瑕疵。薄命不生子，古制有分离"之句，即描述了无子被休的离妇的悲惨情形。《云溪友议》中也记有：慎氏，江苏常州人，嫁给三史严灌夫，结婚十年没有生孩子，最后以无子为由被休了。

妻子不孝顺公婆，丈夫也可以提出休妻。古人认为，女子嫁到夫家，对丈夫的父母要胜于自己的父母，不孝顺、不尊重公婆，这就是不孝。

此外，品行不端、不守妇道、无理取闹、身患恶疾、搬弄是非、偷盗等都可以作为丈夫休妻的理由，一旦妻子的所作所为符合以上情况，丈夫可向政府提出离婚，其休书就作为离婚证明。这与"放妻书"的差异在于，放妻书是和离，而休书是单方面决定。

仲裁离婚

唐朝离婚的情形繁多，除了以上提到的协议离婚和强制离婚外，还有女方向官府请求仲裁离婚的，官府会出示公牒作为双方离婚与再婚的凭证。例如，丈夫精神出了问题，妻子可申请离婚；丈夫失踪了，可以申请离婚；妻子无法侍奉父母尽孝，可以申请离婚；丈夫犯罪，可以申请离婚；家境贫寒，也可以申请离婚。

总体来说，唐人离婚方式有协议离婚、强制离婚和仲裁离婚三种，有其法令基础，也考虑到婚姻双方的实际情况。这在男性为主导的封建王朝中，算是有所进步了。

六、古代女子流行再嫁吗？ 唐人的再嫁风俗

　　唐朝女性的社会地位和风尚在历朝历代中是一个独特的存在。女子可以走出家门，积极地参与社会事务；在婚恋方面，她们也开始拥有一定的自主权。女性再嫁的现象，在一定阶层中较为普遍，在唐人看来并不丢人，社会舆论和风俗对再嫁较为包容。那么，朝廷对女子再嫁是什么态度？唐朝公主再嫁率为何那么高？唐朝平民百姓的婚配观念中，是否流行再嫁？

官府态度

　　一般观点认为，唐朝之所以会出现一定范围的再嫁习俗，跟唐朝女性社会地位提高、贞节观念淡薄密切关联。实际上，除了以上两个重要因素，唐朝寡妇再嫁之风之所以受到社会的认可，与统治者的态度有着直接关系。

　　自周朝开始，礼法至上，贞节思想已成为社会共识，经历春秋、战国、秦朝，贞节禁锢了古代女性，民间以是否守节为女子的道德评判标准，出现了"贞女"等说法，统治者对此也持赞扬态度。在隋朝，隋文帝诏令九品以上官员的妻子、五品以上官员的妾，在丈夫去世后不得改嫁。这诏令或是针对官员去世后其妻妾再嫁甚多的社会现象而发。

　　隋灭唐起，一个严峻的问题摆在唐朝统治者面前：唐朝人口较隋朝锐减。据记载，隋炀帝大业五年（609），隋朝人口八百九十万户，约合四千六百万人；唐高祖年间（618—626），人口统计为二百余万户；唐太宗

贞观年间（627—649），人口接近三百万户，较大业年间减少五百九十万户，按每户六人计算（隋朝户均人口数），贞观年间约合一千八百万人，较隋大业年间减少两千六百万人。虽然，唐朝在禁婚法令中，明确了禁止强制守节寡妇再嫁，但是在此人口缺口较大的情况下，唐朝前期的统治者鼓励再嫁，人们不再过于强调寡妇守节。

唐太宗李世民于贞观元年诏令臣民，男人的妻子去世满三年，女子的丈夫去世满三年，他们必须向官府申请配婚，刺史县令以下的官员若能让辖下百姓及时婚配，减少鳏寡孤独，增加户口，在政务考评时可为优秀，若不能则考评为劣。唐朝法令还规定，除了五十岁以上、与亡夫有子女和坚守贞节等三类寡妇不要求再嫁，其他寡妇都在各州县官府义务帮助的范围中。

当然，唐贞观年间鼓励再嫁是有其社会背景的，再嫁盛行并不为奇，也并不意味着唐初女性社会地位得到提高。唐初鼓励再嫁的原因，只是为了解决人口匮乏的问题。而且到了唐中后期，随着人口增加，寡妇再嫁的政策不断收缩。

此外，除了朝廷鼓励再嫁，法律依据和官府背书等因素，也推动了再嫁风气，胡风入唐也是影响因素之一。贞观年间，突厥人入居长安近万家，皇室本就有胡人血统，对胡人入唐并不排斥。胡人移居唐朝，与唐人杂居成婚的情况不在少数，而胡人的婚姻风俗中再嫁本就是寻常之事。

上层女性再嫁

唐前期，从上层女性到民间女性一般都不忌讳再嫁，引发了一波寡妇再嫁之风。

皇室婚姻关系较为复杂。唐太宗李世民并不在意贞节问题，娶弟弟李元吉妻子杨氏，生下一子曹王李明。唐高宗李治娶了他父亲李世民的才人，立为皇后，即后来的武则天；唐玄宗李隆基娶了儿子寿王的嫔妃，也就是杨贵妃；唐宪宗收了叛将的妾……这些虽在现代人看来属伦理问题，但归到婚姻风俗中属再嫁范畴，也反映了唐皇室不重贞节和皇室中普遍的再嫁现象。

唐代公主再嫁率偏高，在封建王朝也是独树一帜的。据史料统计，有唐一代有记载的公主共二百一十二人，最终嫁人的有一百三十二人，其中一嫁者一百零四人，再嫁者二十五人，三嫁者三人。唐太宗时期，一嫁公主十一名，六名再嫁；唐玄宗时期，一嫁公主十四人，再嫁和三嫁者八人。从以上数据可以看出，公主再嫁主要集中在初唐和盛唐时期。唐中晚期，朝廷对公主的再嫁持有谨慎态度。唐宣宗提出，与亡夫有子女的公主不得申请再嫁，没有子女的可以同意。之后，已无公主再嫁的记录了。

官员之妻、之女的再嫁案例也较多。韩愈的女儿，先是嫁给韩愈的门人李汉，后离婚再嫁他人；宋璟的儿子娶了寡妇薛氏。唐朝官员作为社会上层的一员，代表着当时的精英群体，他们并不谴责再嫁且亲力而为，一定程度上也影响到民间的再嫁风俗。

民间女性再嫁

在唐朝，公主等贵族女性再嫁成风，上行下效，其婚恋观念或多或少影响到民间。但是民间再嫁的原因与上层女性再嫁有所不同，前者更多是为了生存，而后者却少有生存的压力。

唐朝民间女子再嫁的主要原因之一是生活所迫。唐朝女性不像现代女性独立自主，绝大部分女子没有独立生活能力。"嫁鸡随鸡，嫁狗随狗"的背后意思是其缺乏生存能力，只能依靠夫家支撑。为了生计而离婚，历史上不乏这样的案例。唐玄宗时期的杨志坚，因家境贫穷被妻子嫌弃。妻子申请离婚后再嫁，获得官府批准。能否生存下去，是民间女性考虑离婚和再嫁的主要因素。

在唐朝，寡妇没有孩子的情况下再嫁，不会受到社会谴责，但是有了孩子后再嫁，就相对比较谨慎。当然也有例外的情况，比如在丈夫去世后，寡妇失去了经济来源，婆家无法提供经济上的帮助，孩子年幼，她不得已选择再嫁。如有一李氏的丈夫去世后，留有两个孩子待抚养，家里非常贫穷，靠她一人支撑整个家庭非常困难，唐太宗听说此事，赐帛二百段，并要求官府帮其找到夫婿。

虽有不少再嫁的情况，但女子选择守节仍是主流。在《唐代墓志汇编》收录的三千多个墓志中，明确记载坚守贞节的有二百六十四例，而再嫁等情况仅有十例，而这十例中有七例因丈夫去世后无依无靠，或遵长辈要求再嫁，或自己想办法再嫁。史料记载中的大部分女性对再嫁这事仍较为保守，她们选择抚育子女、侍奉公婆、操持家务，有的回到娘家度过一生，有的出家。比如王阿足，丈夫去世，无子女，因为较为年轻，有很多人想娶她，但是她"以养其姊"，终身不再嫁，就这样坚持了二十年。

婚姻习俗是了解一个时代的一扇窗，唐朝的再嫁情况在封建王朝中特立独行，一方面体现了社会风俗中的开放性，也代表了统治阶层的意愿。总体来说，为了人口政策等统治需要，唐朝政府在王朝前期鼓励寡妇再嫁，皇室、公主和贵族作为整个王朝的精英阶层，再嫁之风非常普遍，或多或少影响到民间再嫁风俗。而民间女性再嫁大多因生计问题，但遵守封建礼教仍为主流。当然，若认为再嫁之风代表了女性地位得到质的飞跃可能有失偏颇，在统治者眼中，寡妇再嫁是人口政策的一部分，一切服从政治需要。

七、古代为何要厚葬？唐朝的厚葬、薄葬之风

丧葬是亲朋与逝者告别的方式之一。然而，无论是简单的还是讲究的丧葬，去世者本人都无法感知。既然如此，为何还要讲究排场呢？因为，丧葬行为寄托了对去世者的哀悼，也是活着的人表达情感的方式

之一。即便是现代人，除了火葬已形成定例外，一些地区的葬礼依然大操大办，厚葬风俗仍有保留。这与骨子里的传统观念有关。其实，唐人大操大办的厚葬风俗更盛。对丧葬的重视，上至皇室贵族，下到平民百姓，讲究排场，崇尚奢靡，甚至有人耗尽家财也要厚葬先人。简单来说，唐人厚葬比起现代人，有过之而无不及。

唐朝刮起了厚葬之风

初唐，随着经济复苏，厚葬逐渐成为丧葬的标配。对此，从唐太宗开始，朝廷就针对厚葬之风进行抑制。贞观七年（633），唐太宗李世民颁布诏令，指出个别贵族家存在铺张浪费的丧葬陋俗，有的普通百姓家也施行厚葬，丢掉了俭朴风尚。这些人认为厚葬才算送终，修建高坟才是行孝。实际上，富裕人家相互效仿，贫穷人家即便倾家荡产也赶不上。李世民要求臣民崇尚节俭丧葬，因为从朝廷层面开始提倡节俭，及时制止了奢靡行为。由此，贞观二十年间，俭朴风尚大行其道。

但是，好景不长，随后厚葬之风又起，貌似有愈演愈烈的迹象。武则天证圣元年（695），武则天又一次下诏怒斥丧葬严重逾越礼制，指出富族豪家竞相逾滥的问题，特别提出了地方和京师官员们对厚葬违制问题熟视无睹。开元二年（714），唐玄宗颁布了禁止厚葬的诏令。

除了唐太宗时期以诏令抑制了近二十年厚葬之风，随后各代帝王的诏令在实际执行中均有所偏差。为何会出现厚葬之风刹不住的情况呢？

从宏观环境来说，经济基础决定意识形态等上层建筑。随着唐朝的经济恢复，唐人的腰包鼓了，有了余力对亲朋或自己的身后事进行安排，厚葬之风也逐渐兴起。而站在社会风俗角度看这一问题，厚葬中的攀比之风、面子等成为其盛行的社会因素。在李世民看来，那些"以厚葬为奉终，高坟为行孝"的观念，是在片面理解孝道。用现代人的话来说，这是"打肿脸充胖子"，为了面子不要里子。在民间，不厚葬先人容易被人戳脊梁骨，所以，为了办好亲人的身后事，彰显孝子贤孙的姿态，唐朝上至贵族，中到中产阶级，下到平民百姓，皆出现了为办理丧葬"馨竭家产而修葬仪""尽力竭财"的行为。

厚葬不仅凸显面子，也彰显了特权。《旧唐书·许敬宗》中记载，唐高宗龙朔二年（662），宰相李义府改葬他的祖父，场面奢侈，耸人听闻，奴役数以万计民夫昼夜不息，周边七个县都参与了这次改葬。高陵县令也亲自参与，竟然"不堪其劳，死于作所"。这次丧葬，被认定为自武德以来最奢侈的丧葬。

除了经济实力提升、社会风俗影响等因素外，厚葬之风的持续还与唐朝制度有关。朝廷的一些规定，让厚葬有了依据，唐人把这叫作葬制。朝廷规定，墓的大小与官品高低有关系，墓内部的装修情况、陪葬规格也各有要求，超过规格属于僭越。什么叫僭越？换个思维来看：这是你所在的等级该享受的，其他人不能享受。这让那些有钱花不出、又没有官位的富豪们有了对标对象。朝廷规定的标准，便是他们的努力方向和参照标准，于是出现了富商与富商之间的攀比之风。富商向官员攀比，根源在制度。不仅如此，厚葬屡禁不止的重要原因，还在于唐朝皇帝虽在生前提倡薄葬、禁厚葬，但在去世后，下一任皇帝必对其厚葬。且看唐太宗的丧葬，有盗墓者"见宫室制度闳丽，不异人间，中藏前世图书，钟、王笔迹，纸墨如新，韬悉取之"。这是唐太宗李世民要求薄葬后的墓葬。他去世后，经过三次大规模的盗墓，陪葬品被洗劫一空。公元908年，温韬盗昭陵，据民间传说，当时温韬从昭陵中盗出的宝物用车拉马驮，动员几千士兵，用了一个月才全部运完。依此推断，长孙皇后的墓葬也不至于薄葬。唐太宗非常疼爱的公主——长乐公主的墓葬规格也较高，出土文物甚多。唐懿宗宠爱的公主同昌公主去世后，唐懿宗哀痛，极尽奢华为其厚葬。

封建王朝，帝王享受特权，带头厚葬，皇帝对厚葬之风的延续也要承担一定的责任。当然，封建迷信对厚葬之风也起到了推波助澜作用。据记载，唐朝初期，阴阳葬术达一百二十多种。据民间传说，唐太宗李世民的昭陵是唐朝术士李淳风给挑选的吉地。

简而言之，经济能力推动了厚葬风气，攀比之风提升了厚葬的能力，风水之术助长了厚葬之说。

厚葬的表现

怎么才算厚葬？这是有标准的。《旧唐书·舆服志》记载，太极元年（712），唐绍上书："王公百官，竞为厚葬，偶人象马，雕饰如生……"在这位官员看来，"偶人象马，雕饰如生"为厚葬的表现。实际上，唐朝的厚葬标准是多方面的。

墓宅位置好，内部装饰到位，是厚葬的标准之一。唐朝中原地区的墓葬以土洞或砖室墓为主，达官贵人一般使用后者。内部装饰方面，从初唐到盛唐一般流行墓内壁画，壁画的内容和规格要根据墓室主人的身份有所区别。那时壁画流行的模式为：青龙、白虎开道，上有日月星辰，周围是侍者、舞姬、仪卫、列戟等，这是人们相信灵魂回归的内心反映，希望在另外一个世界重现生前的情景。

明器情况也是一个衡量标准。唐朝的随葬器物除了实物，或有陶俑明器，或有死者生前的日常用品。"偶人象马，雕饰如生"是明器厚葬的一种表现形式。官府对明器的放置有要求：三品以上官员的陪葬明器九十件，五品以上是七十件，九品以上是四十件。富贵人家有人去世，有条件的还会在亡者嘴里放珠宝、玉璧等贵重物品。这些富人的墓中有的随葬的衣被、棺椁奢华无比，殉葬的用品也多用金银珠玉。有的人还为死人在墓地建造园宅，穷奢极侈。

除以上之外，仪式奢侈豪华，是厚葬标准之一。盛大的墓葬礼仪中，有送葬、祭奠、"七七斋"佛事、归葬习俗、招魂葬、拜扫等，这些均需要人力和财力支撑。墓宅、明器、仪式是厚葬的"三座大山"，对于贵族来说是一笔不小的财富消耗，对于普通百姓，甚至有可能成为家庭的灭顶之灾。

薄厚之争

唐朝流行厚葬之风，可有反对之声？事实上，历史记载中，唐朝皇帝屡次下诏禁止厚葬，提倡薄葬。有史料可查，唐太宗贞观十七年（643）、唐高宗龙朔二年（662）、武则天证圣元年（695）、唐玄宗开元二年（714）、唐玄宗天宝年间（742—755）、唐代宗大历七年（772）、唐宪宗元和年间（806—820），唐朝皇帝多次颁发"禁厚葬诏"，以禁止厚葬，而收效并不理想。但也有坚定的执行者，如唐初期的宰相萧瑀在遗嘱中提出，死后一件单衣、一张草席就够了，还叮嘱晚辈不要占卜下葬；高宗朝刑部尚书卢承庆嘱咐自己儿子，在他死后不要厚葬，并提了一些薄葬要求。

唐高祖李渊认为人要薄葬，但是他死后，其子唐太宗决定将其厚葬，一是出于内疚，更要彰显孝道；二是国家经济条件可以支撑厚葬，其奢侈程度令人咋舌。俗话说，生前一杯水胜过死后千斤土。道理是这样的，执行又是另外一回事了。类似的情况还有，长孙皇后生前也表达过要节俭薄葬的意愿，比如，墓修得小一点，不要棺材，随葬器具用木制、陶制就行了。唐太宗对此没有异议，但他和皇后的合葬陵昭陵地表就达三十万亩，是唐朝帝王中陵墓最大的。建设这样的墓地耗费巨大，与薄葬相去甚远。

唐朝盛行厚葬，在不同时期也有差异，唐初薄葬渐少，厚葬逐渐成风，后经唐太宗的整改，稍有好转，中期厚葬之风反弹更盛，后期标准有所降低。从墓葬的厚薄程度，可以了解到我们的祖先所在时代的经济、政治和风俗情况，是观察一个朝代的切入点。

第五章

人际职场

一、唐人之间是如何称呼的？ 大唐的称谓文化

　　称谓不当，这在古人看来是非常失礼的，这与一个人的教养息息相关。每个时代的称呼都有其时代印记，称呼错了不仅失礼，也容易引起误会。现代男人们称谓自家妻子，可以叫"老婆""媳妇""夫人""孩子她妈"，或者叫名字，这都没有问题。在唐朝就不能称呼年纪轻轻的妻子为"老婆"了，这称呼在唐朝虽已流传，但不适用于普通夫妻之间，而是用来称呼年老的妇女的。称呼妻子为娘子也是错误的，这是唐以后的事。各时代习俗有差异，我们欣赏影视剧、阅读古文时，注意到其中的差异，便能更好地了解导演或作者的意图。

生活中的称谓习俗

　　唐人家庭称谓比较复杂。据考证，唐朝的夫妻关系中，对丈夫的称谓达三十四种，对妻子的称谓达六十八种，对妾的称谓达十六种，夫妻并体的称谓有十三种，累加起来关于夫妻的称谓有一百三十二种。父母的称谓中，对父亲的称谓达三十四种，对母亲的称谓达四十种，父母并体的称谓达八种，对父母的称谓合计八十二种。子女称谓中，对儿子的称谓达八十二种，对女儿的称谓达二十三种，加上对儿媳妇、女婿等的其他称谓，累加起来对子女的称谓达一百四十五种。[1]在这里，我们解析部分容易混淆的称谓。

　　郎君一定是丈夫吗？在唐朝，"郎君"并非对丈夫的称呼，大凡男子不

---

[1]　见硕士论文《唐代称谓词研究》，吴茂萍著，俞理明指导，2002年4月。

管熟悉的还是不熟悉的，都可被称为郎君。这是唐朝普遍现象，一般可以在四种场合中使用：

第一种，上对下表示亲昵，可以称呼下属或晚辈为郎或郎君。在《旧唐书》中，唐高祖称萧瑀为萧郎，"每临轩听政，必赐升御榻，瑀既独孤氏之婿，与语呼之为萧郎"。萧瑀为隋炀帝的小舅子，李渊对这位下属大臣仍然宠信尤佳。萧郎的称呼从唐高祖的口中说出，显得更加亲切。

第二种，下对上称呼，也可使用郎君的称谓表示尊敬。上到皇后、嫔妃、宫廷工作人员，下到唐朝百姓，都可以称呼皇帝为郎，通常情况下，在前面加上皇帝的排行：李世民，排行老二，被称为二郎；李隆基是睿宗皇帝李旦的第三子，被称为三郎。唐玄宗与僧人讨论法术时，僧人不空说"三郎勿起，此影耳"。这一段就对唐玄宗用了"三郎"的称谓。此外，下对上，除了按排行称谓，也可以加上"郎君""郎主"等称谓。

第三种，同僚、同辈之间相互称呼郎君。晚唐诗人杜荀鹤，相传是杜牧小妾所生，以能写诗歌自豪。官员张曙，又名张五十郎，昭宗龙纪年间进士，能写诗（这是唐朝官员的文学基本功）。有一次，张曙喝完酒，得意地对杜荀鹤说："你与我同科考中，这是你的光荣。"杜荀鹤回了一句："天下只知有荀鹤，若个知有张五十郎耶。"他们相互调侃，于是"各大笑而罢"。

此外，子称父亲为郎或郎君，也是唐人常用称谓。试想，唐人将至高无上的皇帝称呼为郎，那么以此称呼自家长辈也一点都不奇怪。比如唐僖宗时期的宰相裴坦，他的儿子裴勋就直呼其父为十一郎。

郎君是男子的专用称呼，那么，对女子如何称呼呢？"娘""娘子"是唐人对女子的通用称呼。年纪不大的，叫作小娘子，年纪稍微大一点的叫作娘子，这是对女性非常主流的称呼方式。"娘子"的称呼前可以加排行，可以加姓，也可以姓、排行一起使用。唐朝因舞剑闻名的公孙大娘，即采用了姓加上通称的方式。"大娘"这个称谓并非因为年纪，而是表示尊重。"娘子"这一称谓经历了不同时代语意的变化，在唐朝是对普通女性的称谓；到了元朝，社会上普遍称呼已婚妇女为"娘子"；而在明朝，丈夫习惯称妻子为"娘子"。

另外，对长辈也可以叫作娘。唐人对母亲，有时叫"娘"，有时叫作"阿娘"，这样的称呼一直延续到后世。

唐朝对父亲的称呼是"哥"或"歌"。换句话说，在唐朝，哥哥不仅可以当作对父亲的称呼，也可以用来称呼兄长。为何这样使用已无法考证，但是有一点可以断定，这并非中原的自用词。

如果兄弟姐妹较多，如何称呼呢？正如前文提到张五十郎，这种说法是唐朝特有的习俗。唐朝喜欢用数字来称呼人，即所谓"以行第系于名者"。"行第"，就是指排行的次序。排行标准，可能是一个小家庭内的排行，也可能是同祖父所出的兄弟姐妹之间的，也就是堂兄弟、堂姐堂妹之间的称呼。比如，"萧十一郎""七娘子"，都是对男性或者未婚女子的称呼。所以，人口太多，按家里排行称呼一般无错。

如果家里有人的辈分或地位比自己低，如何称呼？对晚辈，当面交流可以叫"你""汝""尔"这些常用称谓；对下人，可以叫名字，也可以称呼"贱婢"。

官场中的称谓习俗

古装影视剧中，人们一般把官员称为大人，而在唐朝却不能这样称呼。大人是对父母、叔叔伯伯的一种称呼，比如，父亲大人，母亲大人。大人这称谓的本意，是相对于孩子的成年人，类似"大人、小孩"的意思，现在仍在沿用。至于后来，延伸为称呼无高官显位而有名望的人等有德之人为大人。到了元朝和明朝，才开始在官员中普及这个称呼，并一直延续到清朝。

所以，要是不了解唐朝的称谓习惯，就会不太容易理解影视、书籍中的称呼方式。比如，在唐朝，"圣人"不是指孔大圣人，而是称呼皇帝的口头语。贞观年间，李世民就被西域各国尊称为"圣人可汗"。

圣人的称呼，在《易经》中是君王的意思。后来《道德经》等著作中也提到该词语，但是少见在公开场合称呼皇帝为圣人。到了唐朝，皇帝之所以会被称为圣人，与道教有一定的关系。唐朝举国信奉道教，而道教分为四种修炼层次：真人、至人、圣人、贤人。而信奉道教的唐朝皇帝喜欢人们称自己为圣人，这样，他作为人间的最高统治者，可与老子、庄子、孔子等圣贤一起受到崇拜。

那么，除了称皇帝为圣人外，可以对他们高呼万岁吗？可以，但是一定要分场合。日常上朝时一般不这样称呼，"万岁"的称呼一般在典礼、祭祀时才会使用。总结下来，唐朝对皇帝的当面称呼，主流的是"圣上""主上"和"大家"，一般不用"皇上"这个书面语。

在官场上，唐朝的官员一般如何称呼呢？

一般来说，臣子面对皇帝时，常自称"臣某""臣""贱臣""愚臣"。如韩愈曾写道："臣某言：伏以佛者，夷狄之一法耳，自后汉时流入中国，上古未尝有也。"臣子向皇帝奏对，自称"臣某""臣"时，并无谦卑的意思。

宰相一般被称为"相公"，该词绝对不是妇女对丈夫的称呼。后来，相公的意思有了外延，年轻的读书人也可称为相公。

在家庭生活中搞不清称呼，最多尴尬而已；在官场上要是搞错了称呼，可能会比较麻烦。官员见面，有几种称谓方式：一是姓＋公。如见到杜佑，可以说"杜公安好"。二是姓＋官名别称（官爵），这是常用的称呼。例如，一位姓张的人，官职是明府（即县令），则可称之为"张明府"。官爵的称呼也有约定俗成的情况，张姓的户部尚书，一般被叫作"张尚书"，而非"张户部尚书"。

唐朝是中国称谓词发展的重要时期，唐人吸收了大量的外来用词，称谓词越发丰富和复杂，有一些后来已不再使用，有些经过演绎，意思已有所改变，但它们均给后世留下了非常宝贵的文化财富。

二、唐人用"我"作自称吗？唐人自称的正确"姿势"

　　若你在历史书中看到唐人自称"我"，是否感觉特别亲切？又比如，看到一些人自称"贱人""贱子""贱妾""小人"，是否有点不太适应？还有，听到电视剧里的俊俏姑娘作揖自称"儿"，是否觉得这人的性别出了问题？

　　实际上，在唐朝自称为"我"的情况少之又少，"贱人"倒是常用的自称；而自称为"儿"的，一般都是女子。自称用错了，可能比较尴尬和麻烦。

自称的习俗

　　在古人看来，自称是一件特别讲究的事情，在不同的场合，面对不同的人，就有不同的称呼。

　　要了解唐朝的自称文化，需梳理称谓方式。一般情况下，称谓可表达三种态度：谦虚态度、中性态度和自负态度。谦虚是通过低调、放低身段的方式表达自己的态度；中性就是字面上的意思，不卑不亢；自负与谦虚相对应。至于使用哪种态度，主要看说话的人与谈话的对象是谁。离开语境谈问题，如无根之木、无源之水。比如，唐人说"予"或"余"，这是表达谦虚卑下的意思，要换成皇帝说这话，就不是谦卑的意思了，则是皇帝的代名词。在《旧唐书》中，唐宪宗有曰："予以其家门忠顺，为卿远贬。"

　　"朕""我"也是皇帝自称。"朕"无须赘言，皇帝也可以用"我"，比如《敦煌变文校注》中的"是我之福感德如此，国界清平"。

但是，除皇帝外的人讲"我""吾"，就只是字面上的通称，没有感情色彩。"我"常用于口语中，"吾"一般在书面语中出现，如"张范善终始，吾等岂不慕"。"我""吾"后面都可以加"等""辈""曹"等，表示复数（多人），有我等、吾等、我辈、吾辈、我曹、吾曹等常见的说法。比如，杜甫《赴青城县出成都寄陶王二少尹》的"客情投异县，诗态忆吾曹"。

生活中的自称

唐代女子一般是如何自称的？如前文所述。唐朝年轻女子通常自称为"儿"，其本意是小孩子，也可以指少年男子。唐朝之前，"儿"作为自称尚未流行，一般用在父母面前。到了唐朝，无论男女、已婚还是未婚，面对长辈或自认为平辈的，都可以这样自称。唐朝的皇室中，公主和太子对皇后可自称"儿"，那时没有"儿臣"一词，若是影视剧或网文中有类似称呼，应是搞错了。史料记载，有女子答曰：儿闻古人之语，盖不虚言。白居易《予与微之老而无子》中的"常忧到老都无子，何况新生又是儿"，这些都证明"儿"的称呼被广泛使用；类似还有《敦煌变文·伍子胥》中"远道冥冥断寂寥，儿家不惯长欲别"之句。

当然，唐朝女子有时也会在"儿"后加"家"，变成"儿家"，以此自称。"家"作为一个辅助用词，在今天也有广泛使用，比如"人家"。

唐朝女子的女性意识虽有觉醒，但是社会地位还是远低于男性，自称"儿"，不仅仅是谦称，还是社会地位不高的表现。未嫁女子对自己的称呼还有：小女、小女子、婢、妾、奴家、奴身等。究其原因，一是她在自谦，二是她的身份本就是奴婢或妾，这样的称呼符合人物的自我认知。在民间，年老的女性自称"老身"；佛教的女性修行者，自称"贫尼"。

皇室女子自称是这样的：皇后、妃嫔、公主、王妃自称"本宫"。若遇到自称"哀家"的女子，那一定是丈夫去世的皇太后或者太妃。当然，如遇到在皇室中自称"本宫"的男子，一般是未登上大宝前的太子。

那么，男性一般如何自称呢？男子有时也会在长辈面前自称"儿"，只是比女子使用的范围小了许多。男子的通用自称有"某""某某"，不管对方什么辈分，如此自称没毛病。"某"在史料中屡见不鲜，说明其在唐朝受欢迎的程度。当然，也可以说"我""吾"，唐人基本都能听得懂。除"某"外，用自己的名字回话，也是上至宫廷下到百姓常用的自称方法。此外，读书的男性自谦的词语还有小生、晚生、晚学、不才、不佞、不肖等，这是用来表示自己是新学后辈。

晚辈男子对长辈、尊长，可以自称"在下"；子弟晚辈对父兄尊长可以自称"小子"；自己本身就有点身份，可以自谦为"小可"，意思是自己很平常，不足挂齿。老人家自称为老朽、老夫、老汉、老拙等，都是可以的。

官场中的自称

对于官员而言，平时接触的官场人较多，他们会如何自称？百官在帝王前自称"臣"，而年长资深的大臣在皇帝面前可自称为"老夫"。下级官员见了上级官员，或者百姓见了官员，自称"某"，也可以自称"下官"。当上级遇到下级时，可以自称"某"；而下级回话时，也自称为"某"，或直接说自己的名字。"某"这个词在日常生活及正式场合可以通用，官员之间、上下级之间，绝大部分情况都可使用这一自称。

三、如何进入公务员体系？唐人入仕之路

　　唐朝在中国历史上留下辉煌一页的重要原因之一是其文化底蕴，至少在诗歌领域，诗人组团可碾压后世。而这等文化底蕴的养成，主要功劳在于有一股力量在促使人们读书、写诗、入仕。换句话说，唐人入仕之路上，诗文是非常重要的参考因素。

科举入仕

　　唐朝选拔人才的方式发生了重大变化，允许寒门学子报名参加科考，不需要高官的特别推荐。这为很多有梦想却无门路的人打开了一扇窗，这就是延续千年的科举入仕。对于唐人而言，参加科举考试进入仕途是最正统、最有面子的。不过，隋朝确定的科举考试，到了唐朝也就是一个牙牙学语的起步阶段，尚在不断完善和发展阶段。

　　在唐朝，科举并非所有人都能参加，首先要看资格。比如，商人子弟无参加科举考试的资格。相传唐朝诗人李白的父亲是商人，李白一生都没有参加过科举考试。出身决定命运，同样，奴籍者（贱籍）子弟也没有科考资格，当然也不能与良民通婚。

　　有了资格的学子，第一步要考取进京赶考的资格证书，也就是通过地方考试。第二步是参加全国统考，达到考试标准的考生才能赐进士出身。进士出身是进入仕途的重要一步，符合要求者才能进入吏部的面试阶段。面试的内容一般包括学识了解、语言能力、字体、长相。这里特别要说一点，唐朝

官场比较关注容貌，类似现代的"外貌协会"。

虽然科举考试对平民开放，事实上，唐朝通过科举入仕的官员大部分仍然来自官员、贵族、士大夫家庭，仅有一小部分来自普通家庭。科举给了平民机会，但是从教育的资源投入等方面考虑，培养出一位平民官员确实不容易。

其他入仕方式

除了科举考试，唐人还可以通过流外入流、门荫入仕、制举制度进入仕途。

最底层官"流外入流"，顾名思义，这并非正统公务员体系。朝廷规定，技术人员、胥吏通过努力工作，可以进入"流官"行列，类似现代的草根逆袭公务员。流外入流的群体大部分仍然是底层官吏，并不被科班出身的科举考试官员看得起。

最便捷的方式是门荫入仕。门荫入仕，顾名思义，是祖辈给后代准备的后路。出身好的子弟，如果不够努力，门荫入仕便是最佳、最偷懒的入仕方式。

此外，制举制度是科举外的另外一种人才选拔制度，类似绿色通道，属于为选拔非常之人设置特科的一种政策。考试分为贤良方正科、直言极谏科、博学宏辞科。皇帝是问题发起者，亲自策问应举的人。应试者直接受皇帝的选拔，一旦被认可，便会委以重任。这是唐朝文人进入仕途的重要途径。开元八年（720），唐玄宗在含元殿策试应制举人；天宝十三年（754），制举又增加了诗赋应对。文宗后，制举实际意义上被作废，也就是说，这条仕途之路彻底关闭了。

简而言之，科举制是针对包括贵族、官员、普通地主及底层平民百姓的入仕方式；流外入流是针对技能型人员和一些底层小吏；门荫制度的侧重群体是贵族；而制举就等同于朝廷开通的绿色直通车，对在意的人直接选拔，各有侧重点。

入仕待遇

唐代官俸有职田、禄米、俸料三种固定项目。

唐朝自一品至九品官员，享受朝廷配给的职田为一千二百亩至二百亩不等。长安、洛阳和外地工作的官员，朝廷给予的土地亩数会有差异。在长安工作的一品官员，每人大致可拿到一千亩地，外地工作官员在工作地每人可拿到一千二百亩左右。到了九品官，在长安可以得到二百亩地。这是一笔不小的收入，但是官员仅拥有土地的使用权，所有权还是皇帝的，等你不当官了，是要交还的。"职田"制度解决了公务员的田地需求。

唐朝采用年薪制，也叫作"禄米"，解决官员的口粮的问题。一般情况下，"禄米"一年发一次，秋收后发放大米、小米或其他粮食。唐朝的粮食按斗和石来计算，一石粮食大致等于五十千克。

除了"职田""禄米"，唐朝公务员还有月薪，他们把这叫作发"俸料"或"俸钱"。俸料包括钱和日常物资。钱是月薪，铜钱、绢帛等都有。日常物资一般包括酒、肉、面、蔬菜、布匹、笔墨纸砚。白居易升左拾遗后写道："月惭谏纸二千张，岁愧俸钱三十万。"后来，唐人发现发钱较为便利，基本上以钱币替代发放各种俸料了。

除以上的待遇，朝廷还为符合条件的官员配置"仆役"。配给的数量也是有差异的，从最低的九品官员配两人，到最高的一品官员配十六人不等。经济条件不好的官员，如果不要仆役，可以退给官府，官府折算成现金给官员。仆役哪里来的？来自唐代百姓。因为唐人除了要交税外，还要服劳役。

此外，皇帝高兴之余，节日里也会发点物资与官员同庆，也算是福利之一吧。

简而言之，万里挑一入仕的官员们有田、有粮食、有薪酬，还有日常福利。这些福利待遇，除了发放耕地这种形式随着时代的变化没有延续下来，其他或多或少都有承接。

四、古代城市为何总改名？唐讳的学问

不知道大家有没有发现，中国的一些城市常常出现改名的情况，有的城市甚至多次改名。据《隋书》记载，隋朝一下子改掉了几十个城市的名称：扬州的广陵改为江都，广州改为番州，广都县改为双流，广安县改为延安，广饶县改为东海，广化县改为河池。到了唐朝，唐顺宗永贞元年（805）十二月，淳州改为睦州，还淳县改为清溪县，淳风县改为从化县。唐肃宗时期，有"安"字的城市被全部强制改名，就这样出现了现代人耳熟能详的城市名：宝安县成为现代的旅游胜地东莞，安昌县变身为义昌，同安县被改为桐城。那么，古代频繁给城市改名的原因是什么？

避国讳

突然改名和多次改名的原因是避讳。隋朝城市改名，避杨广的"广"字；唐顺宗时期改名，避讳太子李纯的"纯"字，以上可称之为避国讳。而唐肃宗时期的改名，属于避憎讳，避安禄山的"安"字。在礼仪尤重的封建王朝，避讳的重要性不言而喻，它涉及生活、工作和人际交往的方方面面，稍有不慎便可能触犯忌讳。尤其是国讳，是所有唐人必须了解的。

在唐朝，全国民众对皇帝及其祖先的名字（主要是皇帝及皇帝的祖、父、皇太子等人的名字）都要避讳，在官方文书、奏章、典籍等文字和公开场合中，不允许出现须避讳的字眼，也不允许出现同音字。唐朝的国讳范围

有：虎、眄、渊、世、民、治、弘、显、旦、照、隆、基、亨、豫、适、诵、纯、恒、湛、涵、昂、炎、忱等。

唐朝政府出台了一系列违反避讳的处罚。唐律规定，书面上书奏事者犯讳，杖八十；口误犯宗庙讳的官员，笞（用鞭杖或竹板抽打脊背或臀腿的刑罚）五十。还规定，但凡直呼皇帝之名的，便是犯了"大不敬"罪，是当时最严重的"十恶"罪之一。比如，史载宋昂名字的"昂"字十年不改，触犯了唐文宗李昂的国讳，虽然后来修改了，但仍被官府发现，于是在政绩考核中给予降两级的惩罚。

避讳需要修改的东西较多，除前文提到的地名因避讳要修改，其他类似的情况也颇多：平民百姓正在使用的姓要修改，为避"李纯"的"纯"字，那时的"淳"姓被要求改为"于"姓。物件和动物也在避讳范围，马桶原名叫作"虎子"，因要避讳李虎这位已过世的皇帝祖宗，改名"马子"，后因多为桶样，终名为"马桶"，且一直延续至今。唐朝皇族姓李，官府下令禁止捕捞鲤鱼，这倒好，鲤鱼泛滥。一些成语也因避讳而修改。"不入虎穴，焉得虎子"这耳熟能详的成语，在唐朝被修改为"不入兽穴，安得兽子"。

避私讳

顾名思义，避私讳是指对自己的家族和尊长名字避讳。避国讳还算有章可循，有法令的条款，遵照执行即可。但是，在与他人交谈、通信、写诗文等场合中，都有可能涉及自己不了解的讳称。所以，日常中的避私讳存在不确定性。

唐朝曾发生因同事的名讳与自己家长同音而与之绝交的事。唐明宗时期，于邺准备拜访御史中丞卢文纪，但卢文纪一听于邺中的"邺"字与自己父亲名字中的"业"同音，遂表示不见此人。这在官场上就意味着拒绝交往。于邺听说这事，也感觉到特别恐惧。因为，在唐人看来，触犯别人的家讳是不道德的，并会被谴责的。对他人的避讳都如此重视，那对于自家的更是这样。杜甫的所有诗歌中，都没有出现"闲"和"海棠"的字眼，因为他的父亲叫作杜闲，母亲的名字叫海棠。

古人对避讳的重视，是儒家文化的一个组成部分，"为尊者讳、为亲者讳、为贤者讳"的体现。那么，时人是如何避讳的呢？

避讳技巧

唐人避讳之法，是八仙过海各显神通，他们在取名、谈话、写作、通信、科举答卷、公文往来、事物名称等方面小心避讳。总的来说，唐人有七种避讳技巧。

拆字法。唐人把可能避国讳的名字拆开书写，即为拆字法。武德九年（626），朝廷下诏令，有"世"及"民"两字不连续者，并不须避。因要避讳"李世民"的"世民"两字，这两字没有连续写上，就不会出问题。比如，"世王民"这样的名称就不会犯讳。

去字法。顾名思义，去字法是将有两个字名字去掉一个字。唐人修史，遇到前代人名与当朝庙讳相同者，有时会去掉一个字，以此避讳。修《隋书》时，为避李世民的"世"字，修书者将王世充的"世"字空而不书，直接写成"王充"，明白的人都明白了。唐初名将李世勣使用去字法，改名为"李勣"。萧渊明①犯了唐高祖李渊的名讳，去掉"渊"字，改成萧明；韩擒虎犯李渊的祖父李虎名讳，去"虎"，改成韩擒。使用去字法的前提，一般是名字有三个字或三个以上的。

改字法。直接改字，也能实现避讳。唐朝名相姚元，因要避玄宗年号"开元"讳，改名为姚崇；褚渊，犯讳"渊"字，改为褚彦回；刘渊，犯讳

---

① 萧渊明，长沙宣武王萧懿之子，梁武帝萧衍之侄。

"渊"字，改为刘元海；石虎，犯讳"虎"，改为石季龙。而官府部门的唐朝原六部之一民部，因避李世民的"民"，被换成了"户部"；唐高宗立李忠为太子，中书舍人改名为"内史舍人"，以避开"忠"；为避讳"治"，治书侍御史改为御史中丞，各州治中改为司马。

缺笔法。这是将所避之字的最后一笔或倒数第二笔省去。孔丘是国讳，丘字缺一笔成了"斤"字。

回避法，采用直接回避的方式。例如，父亲名字中有"岳"，他家的孩子终其一生不听音乐（避讳"岳"）；父亲名字中有"高"，他家的孩子终其一生不给吃糕。这些都被时人津津乐道。

入门而问讳法。因不知道对方的"讳"，于是古人"入国而问禁，入乡而问俗，入门而问讳"。为别人避讳是件非常麻烦的事，每个交往对象及其家族尊长的名讳都需提前了解，否则可能冒犯、失礼，导致对方不快，且招来麻烦。有一则轶事，李贺父名晋肃，"晋""进"同音，与李贺争名的人，就说他应避父讳不举"进士"。

古人的智慧不可小觑，避讳的方法还有很多。比如覆盖法，把已写好的字用纸覆盖，把忌讳的字用"某"代替。

在中国封建王朝的避讳史上，唐朝有极其重要的地位。后世认为"唐人避讳之风，盛也"，唐朝的避讳范围不断扩充，从官场到民间，不仅要避国讳、官场讳，还要避自家的讳和他人之讳，这成为那时人们的流行风尚。

五、唐人如何以孝治天下？孝道是职场的重要考量

　　孝道是中华民族的传统美德，在唐朝，孝道与个人前途紧密相连。一个孝道有亏的官员在官场是混不开的，一旦被发现，舆论和行政手段都会对其施加压力。

　　唐朝是如何将孝道和官场有效结合起来的？为何官府对孝道的推广尽心尽力？

丁　忧

　　我们常听人说，忠孝不能两全。但在唐朝，孝道始终要放在第一位。

　　对于官员而言，祖父母、父母等人去世，料理丧事后必解职。子女应为亡故的父、母守丧二十七个月。丧期结束后，可以脱下丧服，若提前脱下丧服，视为不孝，处徒刑三年。唐宪宗时期，司法参军事陆博文、陆慎馀兄弟居父丧期间"衣华服，过坊市"，各被笞打四十下，陆慎馀流放循州，陆博文被遣送回原籍居住。另一个故事涉及皇室。驸马都尉于季友在其嫡母丧期与进士刘师服宴饮，于季友被开除官爵，笞打四十下，另外一位笞打四十下后直接流放连州。于季友的父亲于頔也因"子不教父之过"，被处以削阶处置。

　　居丧期间，不得参加宴会，不得作乐，不得看杂戏，不得娶妻生子。一经发现，根据情况作出处理：参加宴席，杖一百；作乐，处徒刑三年；看杂戏，徒刑一年。在二十七个月内怀胎者，处徒刑一年。处罚不可谓不重。怀胎生子这一条，后来被朱元璋认为有点不近人情，于是下令废除。

以上是官员解职丁忧。非官员者在居丧期间违反规定，又该怎么办？

唐律规定，在居丧期间求功名者，分两种情况进行处理：满二十五个月未到二十七个月求取官职，一经发现，处以徒刑一年；若未满二十五个月求取官职，处以徒刑三年。若祖父母、父母等去世，唐人便无法参加吏部参选；学子们也不得隐瞒父母去世的消息参加科举考试，一旦发现，均会受到相应的处罚。

唐朝的丁忧制度极大地维护了统治者制定的礼法制度，有其时代局限性，也代表了落后生产力下的政策。当然，在必要的情况下，可能会启用"夺情"，即由皇帝发起，要求官员回来上班。事实上，夺情现象在历史上并不多，即便有，也会遭时人唾弃。

侍 亲

都说"忠孝不能两全"，对于古代官员，处理好孝养父母和自己工作的关系是一大考验。在父母年迈或患有疾病的情况下，如何做才能被认为是坚持孝道？

唐朝官员若家有八十岁以上的老人，身患疾病或者有残疾的，官员必须回去侍奉。对于才能杰出的官员，国家为其分配官侍照看老人。总体来说，朝廷鼓励官员行孝，唐太宗时期还为此专拨经费，提高官员的俸禄，以便养亲奉亲。

有的官员主动辞官，履行孝道的义务。长安四年（704），姚崇以母亲年老向武则天上书，请求解职侍养，言甚哀切。武则天无奈之下就同意了。

有的官员选择"移官就养"，即换个地方当官，以便侍奉尊长。张九龄为了照顾老母亲，请求更换工作岗位，改为洪州都督。这是比较务实的解决办法，比辞官奉养更人性化。

孝 治

唐统治者大力提倡孝道，这不仅是为了维护礼法的尊严，更是受儒家思想长期浸染的结果。通过出台一系列政策，统治者将孝道应用于社会、政治、经济生活的各个方面，以期"以孝治天下"。总体来说，唐朝的孝治，在法令法规、教育层面、选官措施等多个层面实施，并监督官员严加遵守。

完善法令法规。唐代律例是中国传统法典典范，《唐律疏议》是中国现存最古老且完整的刑事法典，其中关于孝道的条款约占法典全部条款的13%。唐律规定，官员如果在孝道上有所亏欠，受到社会舆论的谴责，监察部门也会予以弹劾。为了保障官员行孝，朝廷还给予官员假期等便利条件，甚至提供资金、人力、物力帮助官员办丧事。

以孝选官。唐朝建立了以儒学为主体的学校体系，大力推行孝道。唐朝的学校教育中，儒学教育占据主导地位。在很长一段时间，朝廷规定在校学生必学《孝经》，"《论语》兼习之"。统治者推行以孝选官的政策，唐太宗多次下诏，希望举荐有孝道的人才进入朝廷。唐朝科举考试中，始终将《孝经》《论语》作为必考内容，还专门设置了"孝悌"的考试科目，只有那些孝悌优秀者才能参加考试。朝廷还对孝道进行表彰奖励，有多种方式，比如减免赋税及徭役，对有孝道者授予官职。

丁忧制度提出了官员的居丧要求，侍亲明确了长辈在世期间的尽孝原则，对于唐人，这些均为孝治的重要部分，统治者正是借此推动"以孝治天下"。

六、大唐官员一年的假期有多少？唐人的假期文化

古往今来，上至官员，下到普通百姓，对休假这件事的关注度都非常高。休假的好处我们就不说了，唐朝的假期怎么样呢？

常规假期

唐朝官员一年到头的固定假期有多少？开元《假宁令》记载，元正、冬至、寒食等二十四个节日有假期，这些是时令假或者节令假，节日有大节和小节，放假时间有一日、三日和七日不等。统计下来，唐官员固定的法定假期有四十一天。

另外，官员们每月还有三天旬假。旬假是唐朝固定假期，每旬休息一天。唐高宗年间诏令，"每至旬假，许不视事"，说明那时官员已可在旬假休息期间不关注工作的事情了。据《唐会要》，唐玄宗较为重视旬假，是历史记载中第一位提出强制休假的皇帝，他说："自今已（以）后，每至旬假休假，中书、门下及百官并不须入朝，亦不须衙集。"旬假期间，官员们与亲戚朋友聚会、游玩、吟诗作对，"何以乐吾身？"。

对于唐朝官员来说，节令假加上旬假，他们能享受的法定假期就高达七十七天。

除以上法定假期外，每年二月十五，道家始祖李耳诞辰日，唐朝官员要休假庆贺。唐玄宗时期，该假期为三天，唐武宗于会昌元年（841）将其调整为一天。

唐玄宗开创了皇帝诞辰日放假的先例，一般为一至三天。有的皇帝设置了节日名称，如：唐玄宗，千秋节后改为天长节；唐肃宗，天平地成节；唐文宗，庆成节；唐武宗，庆阳节。有的皇帝未设节日名称。除此外，每当新君登基、册封皇后、重要活动，全国也可以放假。

田假和授衣假

在我们上小学时，有农忙假，实际上这源自唐朝。唐朝官员和在校学生的田假和授衣假，各十五天，合计三十天，所谓田假，顾名思义与田地有关，回家干农活。在农业社会，农事至上，农事当口回家务农已形成惯例。事实上，在二十世纪的八九十年代，中国农村的某些地区仍然保留这样的假期。授衣假看似是与衣服相关，实则也是与农事有关的假期。从时间来看，与春天的田假对应，在秋收季节——七月流火，九月授衣。这两个假期均体现了唐朝对农业的重视。田假和授衣假同样适用国子监学生、州县学子。

固定假期加上田假、授衣假，大唐官员的假期有一百零三天，若再加上皇帝诞辰、李耳诞辰、官员调动给予的装束假、官员到新地方就任的程假以及婚丧嫁娶事假等，假期的总数已非常可观。

装束假、程假、事假、病假

装束假是指官府给予官员上任前的一些准备时间，名义为准备装束，实则让官员有时间走亲访友告别，且做好远程跋涉的准备等。唐朝前期，官员的装束假天数要稍多于中后期，这可能与后期整个王朝的衰落有关。远任一千里给四十天假，两千里给五十天假，三千里内给六十天假，四千里给七十天假，超过了四千里，给八十天。这些假期是除掉路程时间的。安排装束假的原因，一是长途旅行确实需要提前做好准备，二是含有对远任者的安慰因素。

到了唐后期，装束假天数下调。在唐文宗大和五年（831），敕令刺史谢官后，不计近远，皆限十日内发：一千里内者，十日假期；两千里内者，限十五日；三千里内，限二十日；三千里以外者，限二十五日。假期大幅缩水。唐朝御史台认为，官员受命以后应尽快赴任，但是有的官员一路闲逛，甚至利用这个假期停留，影响公务。据此汇报后得到了皇帝的批准，从而缩短了假期。

官员远任另有程假。顾名思义，就是过完装束假后，从出发地到达任所给予的行程时间。唐律规定：马，日七十里；步行及驴，日五十里；车，日三十里。以此推算程假时长。

若唐初一名官员从京城到三千一百里外的地方远任，他享受的假期有：装束假七十天，程假为每日三十里，至少要一百天抵达工作地。两者合计一百七十天左右。

官员们也有机会享受突发休假。有的是人为突发情况带来的休假，比如皇亲国戚、朝中大臣去世，朝廷会安排休假，表达对逝者哀悼，一般一到十天不等。有的是由于自然原因导致的，天象异常、天气变化等，故不用上朝，大家休假。

唐朝官员病假，一般能休多久呢？唐朝官员本人因病或年老体衰，可以申请病假。唐律规定，病假一般不能超过一百天，一百天结束后，可汇报申请恢复工作。若一百天过了，请假人尚未回来上班，按律，从病假改为"长告"，即长期退休的状态。白居易《百日假满》诗中的"长告初从百日满，故乡元约一年回"，说的是休假超过一百天的官员被要求长期退休的事情。

其他假期

父母丧的假期是服三年，实际为二十七个月。官员在职者须停止职务，回家丁忧守丧，期满回来上班。丧葬假还包括祖父母及其他五服内亲属去世的假期，少则十五天，多则三十八天。对于老师的去世，给三天假期。

家不在工作地的官员，其假期如何安排？在唐朝，设置了两个假期——省亲假、侍亲假，区别在于前者是短期假，而后者是长假。顾名思义，省亲假是回家看望父母和其他尊亲的假期，根据距离设置休假天数，要是父母在三千里外，三年内给予三十五天假期。这是给远任官员的福利，近一点的官吏享受不到。侍亲假是长期的休假，若是父母年高或有病，身边无人照顾，那么官员需要回家奉养，最长到二百天。超出二百天，官府直接给予终身侍养的待遇，被称为"解官充侍"。"解官充侍"官员，政府"给半禄"，体现了对孝道的推崇。

唐朝的假期让现代人羡慕，尤其在一个慢生活的时代，有个假期停下来，走亲访友，陪伴孩子，孝敬老人，结识新朋，又何尝不是一种享受？古人今人皆同。

七、唐朝商人的社会地位是最低的吗？ 唐商的成长

封建王朝，士农工商等级分明，商人社会地位最低。但随着唐初经济复苏，丝绸之路打通商贸，商人也在努力改善着自身的境遇。

商人入仕

是否为官，是古人衡量一个人社会地位的标准之一。伴随经济实力的提升，商人希望在官场有所作为，但唐朝奉行重农抑商的政策，严格控制商人

入仕，且禁止商人的孩子入学，禁止商人参加科举考试，严禁商人与士大夫交往……

唐初，唐太宗严格禁止商人入仕。唐太宗认为朝廷设置官职，是用于礼待天下贤士，而工匠商贾等人，即使技艺超出常人，也只能多给财物，不可授予官职。《旧唐书·食货志》记载，"士农工商，四人各业。食禄之家，不得与下人争利。工商杂类，不得预于士伍"。虽然朝廷规定工商杂类阶层不能与士为伍，但当时的民众大部分都希望进入仕途，商人也不能免俗。

武则天时期，朝廷对商人入仕的管理稍微放松，商人逐步进入仕途。这或与武则天家族本是商人有关，又或以此对抗老牌的士族势力。到唐中宗时期，安乐公主大肆卖官，使更多的商人借机入仕，当时把这些非正式任命的官员称为"斜封官"。这样，使商人的社会地位得到了明显提升。

总体来说，商人若要入仕，可以通过买官、科举考试、贿赂等方式获得官身。

买官卖官获得官身。安史之乱后，唐朝政府财政经常入不敷出，国用不足，为了弥补财政亏空，朝廷依靠卖官解决。唐肃宗至德元年（756），郑叔清与宰相裴冕建议，天下用度不够，朝廷给出未填姓名的补官文凭，给道士僧尼空白告身，只要商人资助军队"钱百千"，即赐予官身。这让卖官买官已摆到台面上了。唐僖宗乾符五年（878），朝廷军费不足，于是赐给商人、富家人官位告身，并向他们贷款，解决了数月开销。当时若商人多出钱，告身还可以提供得多。买官成了唐朝中晚期商人入仕的主要方式之一。

科举考试获得官身。唐中期之前禁止商人科举入仕，但到了后期，寒士参加科举考试的情况越来越多，那些寒士阶层中的商人子弟，通过科举可以取得入仕的机会。白居易生活的年代，得州州府的贡士榜单上，已列有商人子孙名字，说明当时商人子弟已可参加科举考试。但总体而言，唐朝商人子弟进入仕途的记载并不多。

贿赂得官身也是商人入仕的方式。唐朝长安的富商，为了逃避赋税差役，通过贿赂宦官在神策军中挂名，成为合法免税户。他们以贿赂得到官身，利用官身免税。

唐后期，商人虽通过多种方式进入官场已成事实。然而在社会主流思想中，鄙视商人的观念仍制约着商人入仕，社会舆论亦对商人入仕加以谴责、批判。

商人活动

商人作为社会成员之一，他们积极参加社会活动，我们从中可窥唐朝社会生活状况之一斑。

唐朝商人窦乂向官员李晟捐献十万贯造马球场，然后选大商产巨万者，推荐五六人给李晟，并请安排他们的子弟在各诸道及在京职事。安排妥当后，又筹措资金二万贯给李晟。这是唐朝商人捐钱给官场，官方安排一些职位的官商结合的案例。

唐朝晚期商人经常被官府和军方敲诈勒索，财产根本得不到保障。官员对商人的勒索有恃无恐，因此破产的商人不计其数。唐僖宗乾符二年（875），官府财政紧缺，原因是"狎昵""赏赐"导致"所费动以万计"。于是官员田令孜汇报建议，把东市西市商人仓库的东西拉进内库，以解决这个问题，若有人反对这项建议，即被杀。诗句"确确无余事，钱财总被收。商人都不管，货赂几时休"，即写出了此类情景。唐官员刘希暹，官拜太仆卿，他在北军中设置监狱，用于罗织城内富人罪名，严刑罚没富人家产，借此敛财。

与此同时，唐人的舆论环境也影响了商人活动。诗人卢仝在《寄赠含曦上人》中，评价商人为社会地位低、急功近利、不受待见、毅然寻找生存空间的一群人。唐朝社会对商人的歧视自始至终占主流，认为商人目光短浅，不愿意与其通婚，甚至觉得与商人做邻居有辱斯文。此外，前文提到，即便商人子弟通过科举考试进入官场，但是依然得不到社会主流的认可。这样的观念也影响到这些考中进士的商人子弟，他们往往认为家族的商人身份拖累了自己。

伴随经济实力的提升，有的商人与皇室搭上线，其中一些甚至成为朝廷和官员在商场的代言人。成为官商后，他们的政治地位较普通商人高些，从而有机会在商业活动中获得更多资源。

商人婚姻

商人的社会地位相对低下，他们婚姻情况会怎样呢？分居是唐代商人的婚姻常态。一些商人外出少则一两年，多则四年以上，结婚后可能处于长期两地分居的状态。据《太平广记》，兖州有一户人家，媳妇姓贺，邻里叫她织女，丈夫负担贩卖，往来于郡，每次外出都是一连几年才回家，在家里住不了几天就又外出了。贺氏嫁给丈夫二十多年了，丈夫没有在家里住上半年。

唐朝法典规定非常严格："人各有偶，色类须同，良贱既殊，何宜配合？"唐律规定，商人不得与士人通婚。可与商人结婚的，有三种人：一是农民。农民社会地位高，但是经济条件不好，有可能与商人结为亲家。二是手工业者或商人家子弟。"当色为婚"，商人之间的联姻，或与手工业者联姻，可能更加实际。三是妓女。史料显示，妓在唐朝地位低下，而商人与妓的结合，也是唐朝商人婚姻的主流。白居易的《琵琶行》提到，"本长安倡女，尝学琵琶于穆、曹二善才，年长色衰，委身为贾人妇"。"本长安倡女"，说明了该女子身份，"委身为贾人妇"，说明了商人的婚姻状况。《太平广记》中也记载了一个大商人娶妓女孟氏为妻的故事，这些都是唐朝商人家中妻妾社会地位低下的证明。

唐朝中后期，因商人参与政治活动，一些商人还成为官府代言人，其社会地位发生了微妙的变化，婚姻也相应地发生了一些改变，逐渐出现少数士族女子嫁给商人的案例。虽然情况并不普遍，但一改唐前期仅可与同行、妓和部分穷苦农户通婚的现象。

八、古人的手工业是如何发展起来的？ 唐人的手工业

据《太平广记·异闻录》记载，天宝年间，扬州曾向唐玄宗进贡水心镜一面，该镜"纵横九寸，青莹耀日，背有盘龙，长三尺四寸五分，势如生动。玄宗览而异之"。唐朝虽无玻璃镜技术，但扬州进贡镜子的精致程度，足见当时手工业的发达。唐朝手工业门类众多，规模庞大，有相对完整的体系，手工业者的努力创造，给后世留下了璀璨的瑰宝。

手工业发展情况

唐朝的手工业极为繁荣，在纺织业方面，产品种类繁多，有的纺织品吸收了西域特色，呈现出多姿多彩的风格。尤其是唐朝的绢帛，还可以作为货币使用。在冶铸业方面，唐朝已普遍采用切削、抛光、焊接等工艺。在陶瓷业方面，举世闻名的唐三彩、邢窑白瓷、越窑青瓷和秘色瓷，都代表了当时高超的技术。

最能代表唐朝手工业实力的门类是造纸业、雕版印刷术和造船业。唐代造纸业的代表性成就，主要集中在益州的大小黄白麻纸，杭、婺、衢、越等州的细黄白状纸，均州的大小模纸，宣、衢等州的案纸及次纸、蒲州的百日油细薄白纸等。雕版印刷术在唐初兴起，唐中后期开始广泛应用。它与造纸业发展的结合，极大地推动了唐朝文化事业的发展和传播，为唐朝文化的繁荣和源远流长作出了重要贡献。

唐朝有很多造船基地，造船业发达，造船技术先进，领先于当时世界。

最突出的技术是在造船工艺上广泛使用了榫接钉合和水密隔舱等技术，特别是出现了有推进器的战舰，是历史上最早使用机械动力的海船。据《资治通鉴》载，唐朝"敕越州都督府及婺、洪等州造海船及双舫千一百艘。"说明了地方也具备较强的造船实力，这为唐朝繁荣的水上交通及商贸运输提供了基础条件，也在唐朝社会经济生活中起到重要作用。

唐朝手工业从金银器具到酱醋调料，无所不有，巨细无遗。这些都是生活中不可或缺的用品，但作为手工产品的主要创造者——手工业者，却处于被剥削的境地，社会地位低下。

管理手工业者的方法

唐太宗认为手工业者是"杂色之流"，更是"家专其业以求利者"。上行下效，由此可知手工业者的社会地位偏低的原因。朝廷从三个方面管理手工业和手工业者。

第一个方面，唐朝政府通过限定手工业者身份管理他们。唐律规定，不准工商业者改行，子弟要世袭匠籍，借此实行严格的人身控制。到了元朝，朝廷强制征调各类工匠服徭役，将工匠编入专门户籍，要求"匠户"子孙世代承袭，不得脱籍改业。此外，为了便于区分，朝廷还规定私营工商业者只能穿黑灰色衣服出门。

第二个方面，控制手工业者来源，获取免费劳动力。朝廷通过控制工匠来源来确保正常生产，保障其既得利益。唐朝的手工业分为官方手工业和私人手工业两种类型，官方的工匠成员主要来源有两类：一是民间的各类工匠和农民。朝廷要求民间优秀的手工业者必须到官方机构工作，强制他们劳动。二是官府的奴婢、番户、杂户、罪犯。他们也成了朝廷指定的工匠，为朝廷无偿劳动。例如掖庭局中的手工业者，多数是因犯罪而被发配来的女子，其中有技艺的被指派负责手工劳作，没有技艺的被发配去做杂役。他们的身份低贱，工作强度大，只能算为生计而活。

第三个方面，纳资代役也是管理手工业者的一种方式。唐朝手工业者服役，一开始以力役为主，服役期一般为二十天，较隋朝的服役期缩短了四十天。到了唐中期，实施交钱代替服役，即"纳资代役"，管理有所松动。《册府元龟》记载，唐代宗在大历年间有令："诸色丁匠，如有情愿纳资课代役者，每月每人任纳钱二千文。"这便是"纳资代役"的方式。

官府对手工业者的处罚力度大。若手工业者延误了时间，便被处分。但凡官府差遣，如果迟一天，笞三十下，三天还没有到，罪加一等。质量不过关也要从重处理。所以，工匠制作好物品，要在上面写上自己的名字，若出现质量问题，以此追责。给皇家做船，要是不牢固，直接绞死，要是船上物件"缺胳膊少腿"的，徒二年。

手工业技术传授方式

总体来说，手工业者地位低下且在夹缝中生存，朝廷对手工业者的身份限定，注定了技术要传授下去。唐朝的手工业者如何传授技术呢？

实行工匠培训制度是传授方式之一，主要是官方采用。工匠的培养是一个长期过程，官方的手工业者，自己手中的技术要交给官方，由官方组织培训。唐朝之前的培训是世袭家传，到了唐朝才有师徒传授。对于手工业的培训时限和考核方法均有规定，一年中按四季考核四次，由官府派人考试，根据学徒的产品评定成绩，对传授不力的，予以严肃处理。

另外一种方式是家族内传承一门手艺。这适用于民间手工业者。大部分手工业者选择家族成员内部传授，且有传男不传女的说法，毕竟女儿要嫁人，以此确保技术不外传。此外，民间的手工业也可能收徒传授。

不管是官方培训，还是家族传授或师徒相授，都是农业社会中的经验相传，给后世留下了宝贵的财富。

九、唐朝僧人职业受欢迎? 唐僧的福利待遇

要说唐朝什么职业最受欢迎，公务员一般能排到第一，论第二，后世认为一定是在寺院工作的僧人。毕竟，唐朝绝大部分时期，全民捧"僧"。史料记载，唐朝僧人的生活并不差，他们有地产，有稳定收入，有超度祈福收入，有租金分红，还可以拿到香火打赏"小费"。当然，他们也不用承担官府的苛捐杂税。可见，唐朝僧人的福利整体是不错的。

田地收入

人们印象中，出家修行的僧人以化缘为主。事实上，唐朝的僧人化缘并不多，因为有寺院经济支撑着他们的修行。所谓寺院经济，是寺院利用自身的条件从事相关活动，并为寺院带来高额回报，而田地是寺院最主要的经济来源。

唐律规定，僧人们可按均田法得田，但无须缴纳税金，寺院拥有了免除赋税和徭役的特权。一些地方富户或地主为了逃避徭役和税收，与寺院私下签订协议，把自己的田地纳入寺院管理之下，向寺院缴纳少量保护费，这样可以免去一大笔税款。有些人甚至为逃避徭役而出家。唐睿宗年间，有大臣表示，因寺院僧人和田地无须纳税，因此少收税收数千万。朝廷意识到寺院钻了政策漏洞，于是出台了度牒制。

作为僧道的合法身份凭证，度牒也是唐朝的有价证券，有了它可以不用

服役，这延伸出不少富户强丁设法避役的情况。最终，朝廷和地方政府也发现了这个生财之道。唐肃宗至德二年（757），右仆射裴冕建议，实行度牒收费，即"鬻度"，就是卖度牒以收费，而到了唐朝末期，各节度使也采用此办法敛财。度牒市场一片混乱。

拥有田地的僧人一般不会自己种地，他们把土地出租给农民耕种。租地者即佃户，平时要耕种土地、上缴租金，还要承担僧人安排的杂役。实际上，寺院相当于享受了朝廷给予的政策补助。

寺院旅店业

除了田地带来的收入外，寺院还有旅店住宿出租等商业活动。规模较大的寺院有千间房子以上，如大慈恩寺有房间一千八百九十七间。这些房子除了可以解决寺院住宿的问题，还作为产业给寺院带来了经济效益。

寺院的旅店除了接待善男信女，还为广大游客提供住宿。寺院资源多，于是形成了旅游、烧香拜佛、住店、吃饭一条龙的服务体系。唐宪宗年间，朝廷征用光宅寺、宝寿寺等寺院旅店，用来接待来京参加科举考试的学子，证明寺院旅店得到了朝廷的认可。当然，除了临时居住，寺院的旅店也有长租和短租等业务。寺院旅店的发展，一定程度上弥补了唐朝官办、民间旅店的不足。

除了田地和旅店收入，寺院还有其他收入来源。比如，他们为死去的人超度，为活着的人祈福，并得到相应回报。超度和祈福这份工作的好处不少，时间自由，社会地位高。又如，接受布施收入和皇家赏赐。在唐朝，山西有个寺院被赏赐的田地多达方圆一百五十里。

朝廷与寺院的关系

物极必反，满则溢，盈则亏。唐朝寺院发展到一定程度，已超出时人能忍受的上限。唐中宗时期，景龙二年（708），兵部尚书同中书门下三品韦嗣立上书，说唐朝寺院"穷奢极壮"，耗用资财千万以上，建设寺院时，使用人力牲畜，影响了农务。除了耗资大，影响农务，寺院对朝廷最大的影响是侵占了土地且不交税，这其中还有一些应交税未交的违规问题。对于寺院建造问题，狄仁杰曾上奏，认为寺院建筑规格超过皇宫，装饰使用宝珠，美轮美奂，穷奢极壮。

朝廷意识到寺院特权带来了一系列问题，于是实施了相应的措施：一是建立度牒制度。这在前文提及，这种有限制数量的身份证明，以此杜绝不经官府同意私自加入出家人行列的现象。二是逐步取消免税特权。唐武宗灭佛后，朝廷逐步取消寺院享有的经济特权。到了宋朝，寺院被正式纳入国家税赋的轨道。

十、如何成为一名优秀的军人？ 唐朝的军制

任何时代的和平，都离不开军人保家卫国。唐朝三百年间，与周边政权的战争不断，唐人崇尚军人建功立业。"宁为百夫长，胜作一书生"（杨炯《从军行》），写出了唐人对文武职业的看法；"功名只向马上取，真是丈夫一英雄"（岑参《送李副使赴碛西官军》），表达了对远行武官朋友的钦佩和祝福。

唐朝的军制是什么样的呢？

府兵制走向了募兵制

所谓府兵，是大唐一种特殊兵制下的产物，寓兵于农，平时在家务农，战时动员起来就变成当兵的，兵民合一。府兵制下，朝廷实施三年一次的征兵，兵种的筛选标准有：一是家里资产差不多的，取实力更强者；二是力气差不多的，取较富裕者；三是财富和力气均等的，取家中男孩更多者。从朝廷下达的指令来看，府兵制下，独子不出征，长子不出征，家里比较穷的也不出征——留个孩子传宗接代吧。打仗用的马匹、弓箭和横刀得自备，出发服役途中的粮食也得自备，家庭拮据者被选上，只能凑钱购买或租，实在不行，就使用价格便宜的驴或骡子。这些七七八八的费用对于府兵家庭来说，是非常沉重的负担。大唐朝廷延续前朝制度，在府兵服役期间，免除苛捐杂税，同时，所有府兵由中央集中管理，将手里闲置的土地拿给农民开垦，免收赋税。作为交换，农民给皇帝当兵。于是，平时在生产间隙接受训练，打仗的时候，这些农民就是军人。战斗结束了，将归于朝，兵散于府，各回各家。

府兵制创建于西魏，唐太宗、唐高宗时达到鼎盛，于唐玄宗时期废除，历时二百余年。府兵制的最大特点是中央集权，府兵归中央管，平时务农，打仗集合也不固定为哪一个将领所指挥，避免抱团聚集。归根结底，降低了兵将造反的风险。

但是，在制度实施的过程中也出现了问题。地主豪富与官吏勾结逃避兵役，最终兵役完全落在贫苦农民身上。有钱的花钱解决问题，没有钱的只能服役。杜甫的《新安吏》中也记载了府兵制推行中出现的问题，诗中反映了矮小和瘦弱的孩子成为府兵的情况。唐中期后，边患不断，服役期增加，腐败丛生，民众被强迫服兵役，导致无人愿意当兵，府兵制度松弛，士人都以做府兵为耻。征兵制度到了必须改革的时候。

唐玄宗天宝八年（749），朝廷停止征发府兵，改为募兵制。这类似现代的职业兵，脱离土地，为国家服务。一般情况下，自愿报名，符合条件者入伍。入伍后，兵士有固定的薪酬，提供衣服和食物，阵亡有一定抚恤。募兵制的特点在于招募丁男，免征赋役。募兵制并没有强制性，在天宝年间，京师一些军队招募的兵士中就有一些地痞无赖，军队战斗力就可想而知了。

唐后期，募兵制的军队由中央禁军、藩镇兵、防秋兵和团结兵四部分组成。中央禁军由禁军六军和神策军组成，直属中央政府管理。藩镇兵是地方兵，由于藩镇割据，地方兵占全国兵力近80%，但是其粮食、衣服都由中央政府提供。换句话说，钱是中央给，人是地方人，史称"官健"，这一部分兵种耗费了唐朝大部分军队资源。防秋兵是安史之乱以后，驻防京西禁北的军队。团结兵是州刺史掌管的地方兵，类似现代的民兵。

募兵制与府兵制最大的不同在于，募兵与武将在一起效力，熟悉武将，忠于武将；而府兵制是中央集权的，可掌控的，各有利弊。后来，募兵不知不觉中，发展成为藩镇节度使的私兵。

军人入仕之路

文有科举，武有武举。长安二年（702），武则天颁布了创办武举的敕令。武举一方面完善了隋以来的科举制度，另外一方面帮助兵部选拔人才。当时的选拔内容包括步射、骑马射、马枪、力量测试、身体条件和语言应对等内容。后来，考试项目增加了军事思想、兵法谋略等，培养综合性人才。

贞元四年（788），唐德宗下令停废了已执行了八十六年的武举，一停就是十年。主要是因为谏议大夫田敦提出，每年兵部武举，数百人带着弓箭进入皇宫，这不太合适吧。皇帝一听，好像是这么回事，就下令停废。不过，当时有人提出反对意见，认为每年实际参加武举的也不过十个人，不该这么夸大其词。事实上，已执行八十余年的武举未发生田敦所言的状况。元和三年（808），唐宪宗恢复武举。武举的执行，出现时而废弛时而执行的现象，被重视的程度远远低于科举考试。

当然，除了武举，要想成为一名武将，以文转武可"曲线救国"。唐朝的文官选拔以明经、进士等科为主，不管是家族推荐的，还是自己考上的，这些文官若从文转武，符合官制。唐朝官制中，六品以下的文武将员可选文也可选武，而高级官员的文转武职，有两个选择，一是任地方军政长官，二是任高级武将。唐朝绝大部分时期，文转武的官员大多是文武全才，上马打仗，下马治政，这与唐太宗李世民治国、打仗都是一把好手的楷模作用相关。不过，安史之乱后的文转武，却是源于中央政权对武将的不信任。在朝廷看来，沉浸在儒家文化中的文官较武官更容易驾驭。

除了武举进入仕途外，军人可凭借军功进入仕途。唐朝武官的品铁从无品的军曹、军士、新兵、马夫到有品的从九品下，再到正一品，其中要历三十六级。考核晋升方法比较复杂，且每一时期都有差异，不具备参考性。其中的军功计算，值得说一下。唐朝军人上战场后，军功凭借割掉敌人的左耳计数，以此评定功劳。但是，以军功授勋，进入仕途是有品级上限的，勋官出身的人不得任三品，换句话说，军功再大也大不过文官。故唐朝历史上，以军功授勋入仕者，多止于中下级武职。《旧唐书》载，薛仁贵是白衣军功入仕的一个典型，贞观末年应募征辽东，勇冠诸军，被太宗赏识，从白衣擢授游击将军、云泉府果毅，寻迁右领军郎将。唐太宗曾说："朕不喜得辽东，喜得卿也。"

武人进入仕途的方式，也可依靠门荫入仕，与文官类似。门荫高低不同，入仕途径也会有所差异，在唐人眼里，最有前途的工作岗位就是千牛（禁卫之一，正三品）。当然，荫任千牛的官品，还可以规定一荫一人。周亲之内只能有一人荫任千牛，庶子不能荫任千牛。千牛外，其中一些人可荫任三卫等官品，这是给予皇帝近臣的一种嘉勉。

第六章

文教娱乐

一、唐朝孩子如何学习？ 唐人的启蒙教育

千万不要让孩子输在起跑线上，这是现代父母常挂在嘴边的话语。为了孩子，想办法买学区房，上各种辅导班，提前做准备和投资。家长从怀孕开始，就进入极度焦虑的状态。

在"万般皆下品，唯有读书高"的唐朝，家长也在积极开展启蒙教育吗？

家庭教育

身边同事经常说，白天要上班，晚上要辅导孩子作业，还要关注学校微信群、钉钉上的信息，太累了，最后来一句，家庭教育真的太难了。事实上，现代人眼中的家庭教育顶多是协助孩子改改作业，成为学校的辅助，与千年前唐人的家庭教育差异还是非常大的。有条件的唐人，非常重视儿童入私塾前的教育，他们眼中的家庭教育是：文化学习、父兄训谕、母亲教导和家风培养。但是，家庭教育的目的，千年前和千年后基本一样。唐朝儿童教育的目的是教育子弟读书入仕；现代人是为了孩子能独立生存，最好考上好学校，找到好工作。

唐朝科举考试对普通人家开放，他们可以通过科举进入仕途，机会是相对平等的。唐人强烈的入仕愿望，推动社会的读书风气，毕竟想要"春风得意马蹄疾，一日看尽长安花"，必须从儿童抓起。引导孩子努力学习，读书做官，建功立业，光宗耀祖，已成为唐人家庭教育的主流思想。唐人对孩子

的殷切期望跃然纸上，杜牧希望小侄儿阿宜勤奋读书，一日读十纸，一月读一箱。韩愈告诫自己孩子努力读书，在《符读书城南》中表达了自己的教育思想：出生境况相同、少小聚居嬉游的伙伴，长大后却一人为官为公、一人为仆为卒。这是为什么呢？主要在于是否刻苦读书、参加科举。教育的作用之一是获得出路，无疑，在唐朝读书入仕即为最好的出路。

在唐朝，家庭教育强调仕途，同时也重视孝道的培养。唐代儿童的文化教育主要包括《诗》《礼》《论语》《孝经》，以及诗词歌赋等内容，从小就将儒家的封建伦常思想融入教导，培养孩子的长幼有序、勤勉礼让的礼仪。唐统治者"以孝治天下"，忠孝是唐人儒家思想根本。唐太宗认为，最高的孝道是双亲显耀，名声传扬。唐人在日常教育中帮孩子树立光宗耀祖的目标，而这个目标与忠孝挂钩后，更显得有理论基础。岑参的"青春登甲科，动地闻香名"，描述出一朝及第，远近闻名的情形。唐人在家庭教育中告知晚辈子弟，唯有这样才显得"忠孝"。教育、仕途和儒家思想融合到一起，教育是手段，仕途是目标，儒家思想是基础，三者缺一不可。

除此之外，唐人家庭教育尤其重视家庭和睦。上自皇家、达官贵人，下到普通百姓，都从儿童教育开始灌输这样的观点。如杜正伦《百行章》记载："居家理治，每事无私。兄弟同居，善言和气。好衣先让，美食骏之。富贵存身，须加赈恤。饥寒顷弊，啜味相存。"

唐人如何开展家庭教育？有条件请家庭教师的，由家庭教师负责儿童的早期教育，家庭辅助教育。没有条件请家庭教师的，由家里的亲人实行。不管是哪一种方式，唐人家庭教育中家人的参与度都较高，重视家风的灌输和培养。萧瑀的临终遗书，是萧家的传家宝。元稹的《诲侄等书》、白居易的《示儿》等都代表了家风。唐朝的一些士大夫家庭，推出家族家训，作为家族子弟家庭教育教材，从这一点来说，唐人似乎把握了教育的主动权。

私塾教育

家庭教育之外，唐人还有私塾教学，包括家塾教育和族塾教育。顾名思义，家塾、族塾指家庭或家族中专辟的学习场所，请教师教授本家或族内子弟。这两种教育方式对家庭、家族的要求都比较高，多半见于达官贵人家庭或富裕家族。

唐昭宗大顺元年（890）订立的《陈氏家法三十三条》记载："立书堂一所于东佳庄。弟侄子姓有赋性聪敏者，令修学。稍有学成应举者，除现置书籍外，须令添置。于书生中立一人掌书籍，出入须令照管，不得失去……立书屋一所于住宅之西，训教童蒙；每年正月择吉日起馆，至冬月解散。童子年七岁令入学，至十五岁出学。有能者令入东佳。逐年于书堂内次第抽二人归训，一人为先生，一人为副。其纸笔墨砚，并出宅库，管事收买应付。"以上内容可以看出，陈氏家法中对家庭教育有两个设定：一是书堂，这是以科举为目的选拔考试，有点类似今天的快班；二是书屋，这是用于基础性教学的，族内子弟在七岁入学，十五岁毕业。唐朝的私塾教育在大家族中较为普遍，与家庭教育内容大同小异，以儒家教育为主，也学习经、史，基础性教育和科举应试类教育并举。

乡塾教育

那时的学校叫作乡塾，或乡校、村校、乡学、小学等。从诏令上看，官府是比较重视的，武德七年（624），唐高祖发布了明确置办小学的诏令。在唐朝，有的乡塾由大户人家为族中子弟或为周围乡邻开办，也有的乡塾由州县官府设立，属小学性质。

唐朝乡塾以基础教育为主，主要包括启蒙识字读物、儒家经典和诗赋三类。启蒙读物主要有《千字文》《开蒙要训》《兔园册府》《蒙求》等，涉及的内容非常广泛，包括了自然、人文等多方面的知识。

孙光宪的《北梦琐言》中提道：北中村塾，多以《兔园策》教蒙童。《兔园策》是养殖类的教科书吗？当然不是的。这是科举的初级学习课本，仿照科举考试的内容，自问自答，引用经典。因为为了日后榜上有名，打小就须熟悉科举的考试形式。不过乡塾教育的教学方式，以记诵为主，有体罚。那时的塾师体罚学生，家长们的表现一定是高兴——塾师管孩子天经地义，打也是为了他好。

童子举

在后世的印象中，科举似乎仅是成人进入仕途的选拔制度。事实上，唐朝也有针对童子设置的考试科目，叫作"童子举"，也叫"童子科"。早在汉朝，史料中就有童子科的记载，官府规定学童通过选拔，允许任尚书、御史等官职。唐朝将童子科纳入科举中，凡是十岁以下能够熟读经书的儿童，就可以参加科举考试，中第者可以获得出身资格或立即授予官职。后续对参加考试的年龄进行修改，允许十一二岁的童子参加选拔。

实际上，童子科在唐朝的发展也有一个循序渐进的过程。贞观年间，一些神童因为特殊才能被举荐或被召见，这与唐初科举考试的举荐有点类似，但是并无严格程序，也没有遵照科举考试的流程。加上所谓神童出现的随机性很强，自唐太宗起的童子科仅可算是萌芽阶段。

童子科从设立到发展，并非一帆风顺，其中有几次罢废。唐高宗时期确立了童子举是科举考试的科目，自此与科举考试一样为国家选拔、输送人才。唐代宗广德二年（764）停废童子科，大历三年（768）又复启。唐文宗年间，社会举荐童子成风，已呈泛滥迹象，皇帝决定禁止童子科的举荐，保留岁贡的选拔方式。在不同的优化和调整中，到唐朝末年仍有童子科存在。

童子科的确为唐朝输送了人才，"初唐四杰"之一的杨炯、中唐的杨宴都是在童子科中选出的优秀人才。诗人杨炯大家都熟悉，而对唐朝宰相杨炎稍有陌生。其实，杨炎对唐朝的实际贡献远远高于仅有诗作流传的文人，他主管朝廷财政，改良了榷盐法，施行常平法解决了关中漕粮运输问题。

儿童启蒙教育史上，童子科的出现非常重要。在以儒家文化为主导的封建王朝中，提倡和鼓励孩子学习儒家文化，对优秀者录取并授予官职，无疑对很多家庭是一种激励。统治者达到了取才的目的，在民间也加速了儒家思想的传播。

二、为什么唐朝才女频出？ 唐朝女子教育的真相

有史料记载，唐朝历史中共有二百零七位女诗人出现，而在唐朝之前，鲜有关于大量才女的记载。为何唐朝频出才女？实际上，这些女子之所以成为唐朝女子中的翘楚和千万女子的代表，是缘于大唐对女子的教育。

唐人重视女子教育

读书学习，在很长一段历史时期被认为只是男子应该去做的事，因为对男子来说，读书入仕是实现人生价值的必要途径。而在大唐，才女频出。比如上官婉儿，她刚出生时，祖父、父亲均为武则天所杀，而她作为重刑犯的家属进入司农寺"劳动改造"。但在十四岁那一年，上官婉儿被武则天召见，她才思敏捷，文字干练，深得武则天喜爱。问题是，这一代才女，出生就在司农寺，她的知识从何而来？唯一的解释，就是唐朝的女子教育体系改

变了她。

唐人家庭对女子教育并不排斥。女子从少女、少妇到母亲，最终要承担教育子女的重任。在孝道至上的唐人眼中，母亲的教育是家庭教育的重要组成部分，他们意识到，女子受教育不仅对其自身有益，还承担了相夫教子的责任。

史料中不乏母亲亲自进行启蒙教育的事例。孔若思，唐中宗时期的大臣，官拜库部郎中，他由母亲褚氏教导，以学行知名。诗人元稹自小父亲去世，在母亲教诲下刻苦读书，刚满十四岁就怀着入仕为官、建功立业的壮志赴长安参加科考。白居易称赞元稹母亲郑氏："今夫人女美如此，妇德又如此，母仪又如此，三者具美，可谓冠古今矣。"元稹在《同州刺史谢上表》中说："臣八岁丧父，家贫无业，母兄乞丐以供资养，衣不布体，食不充肠。幼学之年，不蒙师训，因感邻里儿稚，有父兄为开学校，涕咽发愤，愿知诗书。慈母哀臣，亲为教授。"而这些例子具有一个共同点，即他们能名垂青史的原因是母亲本身有文化，能承担起教育子女的责任，辅导子女学习文化知识。

唐朝的女子要承担家庭教育的职责，也是家庭教育启蒙的对象。女性教育的传承非常重要，而传承的好与坏，基本上在于这女子受教育的程度。史料记载，古代的女子教育方式以家庭教育为主，社会教化为辅。在家庭中，唐朝比较重视妇女对教养子女职责的教育，如何教育儿女，在唐朝《女论语》中有所提及，对男孩监督其学业，对女孩教其家内事。

家庭教育

唐朝不像其他朝代那样，认为"女子无才便是德"，在史料中也未曾见过这样的明确说法。相反，社会青睐德才兼备、有能力的女子，这样的风气潜移默化地影响着唐朝女子教育，尤其在家庭教育方面，至少培养出端庄大方、知书达理的女子。

　　唐朝女子的家庭教育，以母亲教育、女师教育和承父兄教育等三种方式为主。母亲教育比较容易理解，母亲要负担教育子女的责任，是唐人的共识，特别是女儿交给母亲教育最妥当不过。另外，有条件的家庭会请老师到家中，被称之为女师教育。有时，父亲和兄长也扮演着教师的角色，正如诗人崔颢在《邯郸宫人怨》中所说，"十三兄弟教诗书"。又如，在《太平御览》中，诗人宋之问裔孙宋庭芬，生有五女。宋氏五姐妹从小就接受父亲的教导，年未及笄，皆能属文。唐太宗妃徐慧，自幼由父亲教导读书，四岁能诵《论语》《毛诗》，八岁可以写文，遍涉经史，手不释卷。

　　技能教育是女子家庭教育的重要内容。对于平民百姓而言，"男主外，女主内"是家庭基本分工格局，唐朝妇女也不例外。缝纫、纺织、烹饪，这些都是农业社会女子的必备技能，更是关系到整个家庭生活质量的基本能力。事实上，唐朝女子在家庭生活中承担的压力和工作量大于男子。在绢帛作为流通货币的情况下，女子的家庭技能在整个家庭中的地位更加重要。事实上，除非是亲家资源、权势厉害，任哪个家庭也不愿意娶一个饭来张口、衣来伸手类型的女子为妻子。据《新唐书》，天宝年间，庸、调税收"绢七百四十万匹，绵百八十余万屯，布千三十五万余端"。这些数据从侧面说明一点，女子很有可能成为唐人家庭中税收的重要劳动力。

　　在女子的家庭教育中，也会出现宗教教育的内容。唐朝全社会对佛教的接受度较高，有一部分女子甚至走上了出家之路，有的在寺庙修行，有的在家修行。这其中，有官宦人家的女子，其教育环境和生活环境都给予她们接触宗教的机会。在家参禅打坐，诵经悟道，多见于已婚或离婚的成年女子。

学校教育

　　前文提及，上官婉儿的学习机会，主要来自掖庭局中设立的学校。史料记载，宫廷中有博士二人，负责教习书、数等各种文化知识。很多像上官婉儿这样的人，便是这些老师的学生。

除了宫廷中的特殊群体外，唐朝社会未见专门为女子设立的教育机构。但是唐朝女子教育并未放慢脚步，在学校教育上取得的成就令后世钦佩。

首先，唐人在女子课程的教科书上下足了功夫。唐朝之前几乎没有女子教科书，到了唐朝，女德教育的基础书籍如雨后春笋般涌现。朝廷重视教材的编写，长孙皇后编写《女则》，魏征编写《列女传略》。而武则天编写的六本教科书，一直高居女德教科书排名前列，分别是：《列女传》《孝女传》《古今内范》《内范要略》《保傅乳母传》《凤楼新诫》。

女德旧指妇女应具备的品德。德，不应狭隘地理解为"三从四德"，从某种角度来看，也代表着底线、视野和见识。唐朝没有"三观"概念，但是女德教育可以类比"三观"。有见识、有正确"三观"的女子，其对家庭的重要性不言而喻。顺便提一句，现代人不要对女德一棒子打死，建议辩证地看待，这样有助于我们理解历史。

除了女德教育，文化课也是学校教育的一项内容。唐朝不仅官学发达，也鼓励私人办学，公办、民办一起发展，形成了较为完善的教育体系。唐朝官学拒绝女子入学的情况较多，但乡村的私人小学接收女学生，为她们提供了接受学校教育的机会。

值得一提的是，唐朝女子在诗歌环境中，耳濡目染地接受着唐朝独有的诗文教育，这成就了唐朝的女诗人。虽然她们并非诗人中的主流，但弥足珍贵。如，《唐朝墓志汇编》记载："李夫人宇文氏，组绣奇工之暇，独掩身研书，偷玩经籍，潜学密识，人不能探。工五言七言诗，词皆雅正。"

当然，家庭和学校中，也包含书法和体育教学，类似我们上学时要求的"德、智、体、美、劳全面发展"。唐太宗喜欢仿照王羲之书法，上好之，下必行之，书法成了唐人的门面，即使女子，也苦练书法。唐朝女性的书法教育，在封建王朝也算是独树一帜，武则天就接受过良好的书法教育。女子体育方面，唐朝女子走出闺阁，参与一些以往只有男性才能参加的体育娱乐活动。她们的运动项目也多种多样，球类运动是唐朝妇女参与度较高的项目，其中就有蹴鞠，骑马射箭也是贵族或者富家女子热衷的运动。

唐朝才女辈出与唐人的教育意识分不开。读书和教育能改变人，改变地位低下的女子。虽然，才女们在唐朝恐怕只是沧海一粟，但正是她们的存在让后世了解到千年前的教育方式，对于当下或有借鉴意义。

三、古代上朝可以跳舞吗？唐朝男子的舞蹈

白居易在《贺雨》中写到："蹈舞呼万岁，列贺明庭中。小臣诚愚陋，职忝金銮宫。稽首再三拜，一言献天聪。君以明为圣，臣以直为忠。敢贺有其始，亦愿有其终。"蹈舞即舞蹈，大臣们一边跳舞，一边高呼万岁，随后稽首再三拜。脑补一下，这集体跳舞是不是有点神经病的状态？

受影视剧影响，后世的人们会认为朝堂严肃无比，是讨论国家大事、发出号令的地方，但是在唐朝，除了以上这些规定动作外，朝廷中还流行另外一种风格的礼仪——拜舞，且越隆重的场合越要行拜舞礼。

蹈舞之风

跳舞是一种礼仪，早在《周礼》的时代就有了，如今北方的一些少数民族居住地依然保留了这样的风俗，但是，作为正式场合使用的礼仪，则是隋朝以后的事情。《秦王破阵乐》是唐初军歌，是李世民凯旋后与将军们喝酒跳舞的伴奏曲，后来成为大型宫廷乐舞。

跳舞或者蹈舞，可以解释为向皇帝表达敬意，在日常生活中，也是一

种社交活动。唐人的上朝舞蹈，这是有其民族传统的。北魏政权的当家人孝文帝是鲜卑人，建立政权后，保留了少数民族能歌善舞的礼俗。李虎，是李渊祖父、李世民的曾祖父，是北魏、西魏官员，西魏八大柱国之一。跳舞的文化传统到了唐朝，群臣皆舞这件事到了朝堂，成为一种宫廷礼仪被保留下来，便一点都不奇怪了。唐朝沿用了中古时代最隆重的再拜稽首的拜君仪式，并在这礼仪之间，加入一段舞蹈。周边的游牧民族见到可汗，除了跳舞，还增加了"捧足嗅靴"礼——先跳舞跳到可汗身边，再跪下，双手抱住他的靴子，低头嗅吻靴鼻，这在当时是他们能表达敬意的最高礼仪。

跳舞礼节源于少数民族，与北方游牧民族的风俗总有那么一点关系。现在，跳舞礼节在北方一些地区仍可见到，在酒宴上用来表达对客人的尊重和欢迎。

官员跳舞的场合

三拜九叩是一种礼仪，跳舞也是一种礼仪，时人把这叫作"蹈舞"。这样的礼仪仅限于臣民对皇帝，主要在朝会大典、发布檄文、宣布捷报、撰写诏令、接受诏书、获得皇帝嘉奖、拜谒皇帝、赦免等场合使用。

臣服是需要这种礼仪的。我们知道，唐朝征战多年，那些俘虏回来的首领，到了长安后怎么办？一般作为人质或俘虏圈养起来，由专人教导跳舞。他们的主要任务除了震慑其他被征服者，还有跳舞。在重要的节日，这些首领要向唐朝皇帝跳舞献礼，表达归顺、臣服之心。在现代人看来，这样的做法实际上非常诛心，为了活着，他们中大部分人只能选择服从。

皇帝认为大臣不尊重自己，可以从跳舞上找到处罚他们的理由，因为，在皇帝看来，不跳舞代表了这家伙对自己的不满。据记载，唐高宗时的御史韩思彦平时喜欢用外戚擅权影射武则天。由于在外任职的时间比较长，回到朝廷拜见唐高宗与武则天之后忘记了跳舞礼仪这件事，被中书令李敬玄弹劲。就这样，武则天终于找到理由把韩思彦发配到了朱鸢县当县丞——朱鸢县在现在的越南，眼不见心不烦。他最终老死在工作岗位上。唐太宗李世民对苏威持有同样态度。见李密、王世充这两人拜伏舞蹈，苏威自己称病不能拜。李世民认为，不跳舞就不必见了。

还有一种场景为捷报到来。在唐朝，一般有重大意义的战役，如平定叛乱、征讨蛮夷、收复失地就会用露布的方式表达，而小捷不做露布，从而诞生了露布礼。露布礼非常庄严隆重，文武百官齐聚，由兵部侍郎宣布，中书令高声朗读颂词，群臣拜一次，蹈舞三次，再拜一次。这里的舞蹈，是对捷报表示庆贺，把整个露布的仪式感表达无遗，恰是在这样严肃的情况下，以舞蹈表达敬意。

节日庆贺的场合也会使用跳舞礼仪。元正、冬至等节日，大朝会上，皇帝要接受朝臣舞蹈庆贺。大臣排列组合，先拜再舞蹈，三称万岁，又拜，到这里才能算典礼结束。为何要用舞蹈来表达这样的情感呢？杜佑的《通典》这本书给出了解释，不使用"舞蹈"不足以表达臣子对帝王德能的认同和赞叹，不足以歌功颂德。据《唐会要》，开元十三年（725），唐玄宗自洛阳赴泰山封禅，在途中打猎，打了一只兔子，突厥朝命使阿史那德吉利发便下马捧兔，跳跃蹈舞。谓译者曰："天可汗神武。天上则有，人世无也。"这马屁拍得让人有点想呕吐，但是唐玄宗高兴。一边跳舞一边歌功颂德，搁在现在，正常人估计受不了，但在唐朝这是最普遍不过的。贞观十六年（632），唐太宗设宴款待，酒兴时与在座老人谈了旧事，众人感激涕零，老人起舞，为唐太宗贺。

完善中的唐朝舞蹈

除了以舞蹈表达尊重和敬意，宫廷舞蹈的发展也进入了完善阶段。唐朝将散于民间的舞蹈民曲、周边少数民族和外国传来的乐舞，由官方收集整理、改编补充和完善。这样对舞蹈艺术的大规模整理，为中国古典艺术的保存做出了贡献。

唐朝设立了专门机构太乐署掌管宫廷的音乐舞蹈，负责礼仪祭祀，后又增设梨园和教坊，前者负责训练宫中的歌舞艺人，后者管理宫廷之外的音乐、舞蹈、杂技的教习和训练，这两个机构将宫廷内外的音乐全部纳入囊中。历史上著名的宫廷舞蹈《秦王破阵乐》，原是歌颂唐王李世民的战歌，广为传唱，李世民登基后，亲自将它改编为舞蹈，再经过加工、整理成大型乐舞，气势雄浑，感天动地，在涉唐的影视剧中常见此舞蹈。唐玄宗本人作曲的《霓裳羽衣舞》，迄今仍为音乐舞蹈史上的明珠。

唐朝的音乐舞蹈是古代舞蹈艺术发展的高峰，这已成为世人的共识。舞蹈蓬勃发展，究其原因，无外乎国力强大，社会开放，包容并蓄，这些融合起来，才能推动整个国家文化艺术的发展。

四、唐人的日常娱乐活动有什么? 俗讲和百戏的历史

现代人有手机、有网络，我们打开手机，在家就可以拥有全世界的娱乐。或走出家门，去电影院看看电影，或者听个话剧、听个相声。那么，没有电视、没有电影、没有网络，唐人的业余娱乐生活是怎么样的? 是什么支撑他们的业余生活呢?

俗讲——寺院的脱口秀

当下要听个戏，一般得去剧院、戏园子。在唐朝，剧院还没有诞生，要

想看戏，去寺院吧。寺院是求佛虔诚之地，你说到寺院看戏，几个意思？先看看到唐朝留学的僧人圆仁的记载。

圆仁在他的旅游杂记《入唐求法巡礼行记》中提道："开成六年正月九日五更时拜南郡了，早朝归城，幸在丹凤楼，改年号，改开成六年为会昌元年。及敕于左、右街七寺开俗讲。左街四处：此费圣寺，今云花寺赐紫大德海岸法师讲《华严经》；保寿寺，令左街僧录三教讲论赐紫引驾大德虚法师讲《法华经》；菩提寺，令招福寺内供奉三教讲论大德齐高法师讲《涅槃经》；景公寺，令光影法师讲。右街三处：会昌寺，令内供奉三教讲论赐紫引驾起居大德文淑法师讲《法花经》，城中俗讲此法师为第一……"这段记录的大致意思是说，在寺院中，有不同法师组织丰富多彩的俗讲。

俗讲在唐朝盛行一时，简单来说，就是把复杂、深奥的东西改编成通俗易懂的东西来讲，后世把改编后的东西叫作"变文"，有人用说唱的方式进行宣传。一般是两个人配合宣讲，分别是主讲法师、复讲师。主讲法师、复讲师把大量佛经内容改编成俗讲的内容，改编的原则是通俗易懂，易于传播。

在唐朝的很长一段时间里，每年的三月、五月、九月都是佛教信徒们欢庆的日子，佛寺的宣讲者通过表演佛经故事，让人们接受佛经内容及其思想内涵。

变迁中的百戏

除了俗讲，唐人们还有百戏可供日常消遣，百戏也称为散乐。《唐会要》记载，"散乐，历代有之，其名不一，非部伍之声。俳优、歌舞、杂奏，总谓之百戏"。从唐朝的官方说法看，平民百姓喜欢的民间这些音乐、舞蹈等活动，就被称为百戏，专门服务于百姓。实际上，从史料记载可以发现，百戏也供宫廷娱乐使用。

正如《唐会要》所言，自汉起就有散乐这一娱乐形式，南北朝、隋朝时期一度盛行。隋朝著名大臣、诗人薛道衡有诗描述百戏："万方皆集会，百戏尽来前。临衢车不绝，夹道阁相连。"试想一下，这万人集会看百戏的情景，是否有点像现在观看演唱会的感觉？

但是，在隋朝的不同时期，统治者对百戏的态度变化较大。隋文帝压制百戏，隋炀帝推动百戏。据《隋书》记载，隋朝初期，隋文帝厉行节俭，把所有的散乐艺人遣散到民间，并要求宫中不得表演百戏散乐。大业二年（606），因为突厥启民可汗入朝，喜欢耍乐的隋炀帝又将流落到各地的散乐艺人召回，要求从夏历正月十五到月末举行声势浩大的表演活动。尤其在各国使臣来朝时，好面子、喜欢玩的隋炀帝通过百戏彰显国家的富裕。

隋朝的百戏算是大型活动，通宵达旦，光是表演者就有几万人，在唐初期几个皇帝看来，隋炀帝这家伙真够败家的。唐初期，皇帝压制百戏，隋炀帝作为"反面典型"被反复提起。据《旧唐书》，武德元年（618），太常寺准备五月五日在玄武门举办百戏表演，有官员上奏说，百戏散乐，在隋朝之末经常表演，这是淫风，必须要改。唐高祖欣然接受了这一建议。此后几任皇帝均颁发过禁止百戏的诏令。

禁止百戏的原因，除了朝代更替，最根本的原因是大战之后，民生凋敝。简单一句话，国家没有钱，平民百姓也没有钱。但是，事实证明了娱乐的影响力是无限大的，百戏终究屡禁不止。民间百戏娱乐之风非常浓厚，百姓不遵守此规定，诏令变成了一纸空文。

百戏为何屡禁不止？一是娱乐已深入平民百姓心里，百戏的娱乐性深受欢迎；二是达官贵人、朝廷也有娱乐需求，每逢宫廷活动也会组织百戏表演。说到底，还是决心不足。到了唐玄宗时期，社会安定，朝廷有钱了，皇帝厉行节约这件事显得不那么重要。追求奢靡的唐玄宗，便开始大张旗鼓推动百戏发展。有一次，唐玄宗陪太上皇在城楼观看百戏，这次活动举办了一月有余，简直是疯狂到了极点，后世竟然把唐玄宗当成戏曲界的祖师爷。唐玄宗还在皇宫的梨园设了一个讲习班，专门教乐舞，所以人们把唱戏的人叫作梨园子弟，把戏曲界叫作梨园行。实际上，喜欢百戏的皇帝不仅是唐玄宗，德宗、敬宗、文宗、宣宗等一票唐朝皇帝都是百戏的忠实爱好者。

百戏这种流传于民间的艺术形式，在唐玄宗时期得到长足发展，李隆基下令创办的艺术培训机构梨园，成为百戏人才的培养基地。安史之乱后，百戏走了下坡路。

百戏的内容

在唐朝，上至达官贵人，下到平民百姓，都疯狂爱上了百戏。那么，百戏到底有哪些内容？目前可了解到，唐朝百戏种类非常多，基本分为杂技类和歌舞类。

顶竿是杂技类，这是一种空中技艺，在盛唐时达到顶峰，并且在技巧上和表演方法上都有新发展。《明皇杂录》记载了唐玄宗时期一位顶竿艺人王大娘表演的情形。有一次，唐玄宗在勤政楼举行乐舞百戏，场中广集了百项技艺，王大娘也参加了那场表演。她顶着百尺长竿，竿端架设着一座状似东海瀛洲仙山的模型，一些装扮成仙童、手持绛节的孩子，在仙山上来回歌舞。唐玄宗带着杨贵妃及一班大臣看得非常高兴，忙命身旁的神童刘晏赋诗记录盛况。刘晏当时年仅十岁，当即作《咏王大娘戴竿》一诗："楼前百戏竞争新，唯有长竿妙入神；谁谓绮罗翻有力，犹自嫌轻更着人。"

这里不得不提到一位传奇人物。晚唐敬宗时期幽州女子石火胡，能在百尺高竿上如履平地。据记载，石火胡出身贫民家庭，为了生存，苦学当时最为流行的顶竿（戴竿）杂耍技艺。同时，石火胡将"歌舞""走索"与"顶竿"等技艺熔于一炉，百尺高竿上，支有五根弓弦，五个女童身穿五色衣服，手持刀戟，在高竿弓弦表演《破阵乐》。

唐朝的娱乐与其他朝代的一个巨大差异，就是女性的广泛参与，而宋以后女子就被束缚起来，基本不参加文娱活动了。唐以后，唱戏的主角一般都是男性，鲜有女性，女子被限制在家里，失去了参与社会活动的自由。

魔术也是杂技类的主要表演方式。唐朝的魔术师基本都是来自西域的胡人，鲜有唐朝本土人做魔术师的记载。魔术在民间和宫廷完全是冰火两重天，在民间备受欢迎，在宫廷被严格禁止。宫廷认为这是幻术，唐高宗曾下诏禁止表演魔术的胡人入境。

顶竿、魔术风险并不大，但是走钢丝即使在现代有诸多保护措施的条件下也有风险。唐朝也流行走钢丝。那时的走钢丝是"绳技"，穿木屐走绳，倒挂走绳。表演者还可以一起走绳，当中相遇侧身而过。

除了杂技，歌舞作为百戏的主打项目也备受喜爱。民间的歌舞受到了宫廷的影响，一些歌舞也向宫廷学习。但是民间歌舞也有自己的特点，叙事型的歌舞受到了欢迎、追捧，比如参军戏。这一戏种源于一名参军贪污受罚。为了生动表达对贪污的厌恶，戏曲组织者就让演员穿上参军的衣物，扮演者一直要受到其他演员的嘲弄。这一剧种由两人扮演，滑稽、搞笑为主，被嘲弄的人叫作参军，嘲弄人的人叫作苍鹘。诗人李商隐《骄儿》诗中提及参军戏："忽复学参军，按声唤苍鹘。"苍鹘现在被称为副末，任务是烘托参军，制造笑料。这在戏曲中通用，传统昆剧演出整出戏，都由副末开场介绍剧情和主题。从某种程度上说，参军戏有点类似相声，逗哏和捧哏相当于参军和苍鹘，是舞台上缺一不可的搭档。到了晚唐，参军戏出现了多人演出的情况，有点类似当今的小品或群口相声。

此外，还有大面舞蹈①、钵头②、踏摇娘③。另外，木偶戏在唐朝也比较盛行。它们的共同点是故事性强，传播、抨击某种社会观点。从这个角度来看，唐朝的各种歌舞已开始向戏剧方面发展了。

唐朝是一个活跃、包容、开放的时代，表演艺术从佛寺走进了民间，从宫廷走到了民间，是中国戏曲艺术发展的早期阶段。

五、唐诗是如何流传下来的？ 唐诗的多样化传播方式

每当笔者翻开收录了四万余首唐诗的《全唐诗》一书，心中就会有疑问：在没有自媒体，没有朋友圈，没有印刷技术，没有电话，没有网络，没有现代化保存技术的条件下，这些唐诗是如何传播的？

唐诗繁盛与传播分不开

有哪些因素影响了唐诗的创作和传播呢？

第一，大环境是影响创作和传播的决定因素。大唐朝廷以诗取士，诗词歌赋逐渐成为读书人必须练习的基本功。"诗名"早在唐朝之前已影响到一个人的社会地位，到了唐朝，一改以门第取士的弊政，科举向所有阶层的读书人开放，普通平民百姓只要具备条件就可以报考。科举中尤其重视进士

---

①   大面舞蹈，是一种模仿北齐戴面具兰陵王上阵冲杀的舞蹈。

②   钵头，是一种表演孝子进山寻找父母尸体，并与老虎进行搏斗的乐舞节目。

③   踏摇娘，是一种表演女子在遭受丈夫家暴后，一边诉苦一边歌舞的曲艺形式。

科，进士科中又重视诗赋。要选拔进士，仅仅会问策"皆亡实才"，这不算有才，必须"通文律者然后试"，通诗赋的人才可进入下一个环节。这决定了诗赋在选拔进士中的重要作用。

第二，社会风气推动了唐诗的传播。唐朝士子把平时写的自以为得意的诗文写成卷轴，投给大臣或权贵，希望得到赏识和推荐。唐人把这种卷轴叫作行卷。投给谁，一旦成功，以后就是他的人了。假设没有了贺知章的夸奖及举荐，李白的诗作即便优异，未必能流传于世。简而言之，整个社会的重诗风气影响了科举考试的科目选择，进士科对诗的重视更进一步影响了社会的重诗风气，形成彼此推动的过程，"衡州人多文词，樵往往能诗"的情况。唐诗在这样环境下被传播就不奇怪了。

第三，交通发达是唐诗传播的重要保障。唐朝的驿站遍布全国，诗歌能通过四通八达的交通网络向全国传送，陆路以长安为中心，一路上有店肆待客，酒馔丰溢；在水路上，"长江五千里，来往百万人"。交通发达推动人口的流动，而人口的流动将唐诗由点到面地传播到全国。与现代社会手机上网一样，有劲爆新闻，头条一发，立马引爆。

第四，纸的发明和印刷术的应用，在一定程度上也推动了唐诗的传播。已有资料证明，中晚唐已有了诗集的印刷传播。出版工作直到宋朝才进一步发酵，把唐朝的诗文印刷成书。

总体来说，唐朝诗歌得以发展和保存，与社会风气、科举考试、交通网络、印刷技术、纸张发明等息息相关，这些都是唐诗广泛传播于后世的基础。

以人为载体的传播

传播最终还是以人为载体。在唐朝的交通网络上，有大量流动人口的参与：有旅游的诗人，有进京考试的举子，有落第者，有上任的官员，被外放贬谪的官员，有商人，有歌女……这是国内的传播方式，有的诗文还源源不断地向国外传播。据史料记载，白居易的《元稹墓志铭》从长安、洛阳到南蛮、东夷国"皆写传之，每一章一句出，无胫而走，疾于珠玉"。这传播速度和传播范围令人惊讶。

在以人为载体的传播方式中，"团聊"更容易传播诗歌。团聊即围绕一个话题，大家来写个东西。这在唐朝是非常流行的一种作诗方式。比如在上元节这一天，同题同韵的上元诗，是群体赋诗（团聊）的一个范例。陈子昂、长孙正隐、高瑾、韩仲宣、崔知贤、陈嘉言等人都写了《上元夜效小庾体》，类似这样的团聊，产生的诗作比孤文一篇更容易被传播。

团聊是诗人集中作诗的方式。此外，还有一种线性传播的方式。唐朝文盲率过高，读书认字的人不多，作品在写诗的人之间传播。在这个传播小环境中，唐人大多采用酬、寄、赠、答这种一对一或一对多的线性传播方式。将自己的作品传递给另外一个人或一批人，任一方式都能提升传播速度。比如，"酬"之类的有：张九龄《酬王六霁后书怀见示》、宋之问《酬李丹徒见赠之作》、李白《酬张司马赠墨》等。"寄"之类的有：陈子昂《咏主人壁上画鹤寄乔主簿崔著作》、张说《寄姚司马》、王维《奉寄韦太守陟》等。"赠"也比较多，如王维《赠吴官》、王昌龄《郑县宿陶太公馆中赠冯六元二》。"答"也是一种单线联系形式，如萧颖士《仰答韦司业垂访五首》、孟浩然《同张明府碧溪赠答》、李白《答友人赠乌纱帽》。这些互动方式也拓展了社交关系。

随着交通道路愈加发达，在路上的歌伎或歌者对诗歌的传播也发挥了作用。歌者对好的诗歌趋之若鹜，而诗人也希望通过歌声将自己的诗作传递出去。比如，《碧鸡漫志》记载："元微之见人咏韩舍人新律诗，戏赠云：'轻新便妓唱，凝妙入僧禅。'"又载："元、白诸诗，亦为知音者协律作歌。白乐天守杭，元微之赠云：'休遣玲珑唱我诗。我诗多是别君辞。'自注云：'乐人高玲珑能歌，歌予数十诗。'乐天亦醉戏诸妓云：'席上争飞使君酒，歌中多唱舍人诗。'又闻歌伎唱前郡守严郎中诗云：'已留旧政布中和。又付新诗与艳歌。'"唐朝歌曲以绝句为主，而绝句容易编曲歌唱，押韵且具备流行传播的元素。元稹、白居易是个中大神，他们的诗歌容易被歌伎传播，这样的传播也更具备持久性。

另据《旧唐书》记载："元衡工五言诗，好事者传之，往往被于弦管。"武元衡是唐德宗时期的进士，官至监察御史，但是看不惯当时的情况，称病辞官。好长时间，他都纵情政事之外，沉溺于宴饮歌咏，这里就提到他的诗歌经常"被于弦管"，通过歌咏传播出去。那时，诗人与乐工、歌者之间的关系还是不错的，歌者借助诗人的作品生活，而诗人借助乐工和歌者的传播提升自己的名气。相辅相成的感情才更加深厚，这就是加持的力量。

以物为载体的传播

唐朝的旅馆驿站、风景名胜、商业店铺、寺院等场所的墙上或屏风上，可能会有一块专属诗歌的地方，路过这里的客人在此题诗。李白在报恩寺，就遇见过僧人捧着诗板题诗。白居易《蓝桥驿见元九题诗》中说："每到驿亭先下马，循墙绕柱觅君诗。"诗板传播的方式有点像黑板报的感觉，每个诗人均可题写，这样就容易良莠不齐，真正的精品往往被深藏其中。据传，刘禹锡过某庙，就摘下上千块诗板，最终仅留下数十块而已。

题寺院、题风景名胜、题于旅馆都有助于传播，比如，杜牧《题扬州禅智寺》、白居易《三月三十日题慈恩寺》、杜甫《题玄武禅师屋壁》。当然，他们也题在屏风上，如白居易《题海图屏风（元和己丑年作）》。在风景名胜题诗是更为流行的方式有"这地方我来过，我承包了"之意。这方面白居易的比较多，如《题杨颖士西亭》《题岐王旧山池石壁》。题于旅馆的，比如郑谷《题邸间壁》、宋之问《题大庾岭北驿》。如果没有诗板怎么办？也有人喜欢题在人家墙壁上，如钱起《酬赵给事相寻不遇留赠》："忽看童子扫花处，始愧夕郎题凤来。"

为了创作的诗歌永世流传，唐人喜欢把它们刻在石头上。在唐人看来，这是一种比较高雅的文化传播方式。事实上，石刻对诗歌保存与传播的作用是显而易见的。为了著作的不朽而制作刻石，已算是一种将作品永久保存的出版意识，即"乃手书刻石，期以不朽"。杜甫的"忆昔李公存，词林有根柢……风流散金石，追琢山岳锐"，提到李邕之诗文多刻于金石而流传。

唐诗得以传播，最根本的原因是作品本身的质量，质量越好的诗歌传播得越远。

六、唐人是如何"追星"的？唐朝"粉丝"也疯狂

日本平安时期的官僚文人庆滋保胤描述他一天的生活：吃饭、读书和重读白乐天的诗；唐朝有位叫魏万的年轻人，在没有现代交通工具情况下，为一睹诗仙李白的风采，追了李白三千里……粉丝并非现代人的专利，唐朝的粉丝，有与大咖惺惺相惜的，有疯狂追星的，有真爱坚持的，也有特定领域的粉丝。

大咖粉

元稹、白居易是一对好朋友，两人约定在旅行中把诗写到墙壁（石壁）上，并进行探宝游戏，相互寻觅彼此的诗作。唐宪宗元和十年（815），诗人元稹自唐州（今河南境内）奉召还京，道经蓝桥驿，在驿亭壁上留下七律

《留呈梦得、子厚、致用》①。几个月后，白居易在被贬江州途中，在驿馆墙上发现元稹之作，写下了《蓝桥驿见元九诗》。元稹排行老九，朋友之间称之为元九。诗云："蓝桥春雪君归日，秦岭秋风我去时。每到驿亭先下马，循墙绕柱觅君诗。"白居易去江州的一段路与元稹西归相同，白居易认为沿途应有元稹留下的诗作，决定每到一个驿馆都要循墙绕柱查看。这既有对朋友的关怀之情，更有点粉丝心态。

若说元稹和白居易两位大家之间的惺惺相惜是真感情，那么杜甫与李白之间的感情就更加有趣了。在他们认识的那一年，李白四十四岁，已名满天下，而杜甫三十三岁了，仍默默无闻。杜甫保存至今的诗作中，跟李白有关的有十五首，李白回赠二首。杜甫和李白的感情还不错，在《与李十二白同寻范十隐居》中，杜甫写道："醉眠秋共被，携手日同行。"诗中提到了他们结伴寻找范十隐居之处的事。他在《春日忆李白》写道："白也诗无敌，飘然思不群。"在杜甫的心中，李白的诗歌是无敌的。我们或能从唐朝著名诗人之间的感情中，咀嚼出一股惺惺相惜的"互粉"味道。

疯狂粉

诗人张籍的《秋思》非常有名，诗云："洛阳城里见秋风，欲作家书意万重。复恐匆匆说不尽，行人临发又开封。"他本人还有一个身份：孟郊把张籍介绍给韩愈，张籍成了韩愈的大弟子。但是，张籍还有一个不为人知的故事：他非常崇拜杜甫，近乎癫狂，可能相信"吃什么补什么"的说法，将杜甫的诗集焚烧成灰烬，加入膏蜜，频频饮下。他还说了这样做的理由——希望自己也能写出如杜甫一样优秀的诗作。

---

① 《留呈梦得、子厚、致用》："泉溜才通疑夜磬，烧烟徐暖有春泥。千层玉帐铺松盖，五出银区印虎蹄。暗落金乌山渐黑，深埋粉埃路浑迷。心知魏阙无多地，十二琼楼百里西。"

唐人葛清，一名普通人，因为迷恋白居易，全身上下三十余处文白居易的诗句。除了文诗句外，葛清还为诗配图，对此沾沾自喜，时人称之为"白舍人行诗图"。幸亏葛清迷恋白居易，要是迷恋现代社会的"百万小说"的大神，身体上还有文字的地方吗？这人绝对是疯了。

真爱粉

唐朝"顶流"杜甫、李白、白居易等人红得发紫，他们每人都有属于自己的"粉丝团"。在李白粉丝团中有这样一个坚韧不拔的人。据李白陈述，他的粉丝"东浮汴河水，访我三千里"。这名叫魏万的年轻人，经过半年步行跋涉，终于在扬州见到了李白。现在追星坐飞机，顶多浪费几个小时的时间和一些资金，唐朝这位走了上千里。李白感动之余，写下了《送王屋山人魏万还王屋并序》，序曰："王屋山人魏万，云自嵩宋沿吴相访，数千里不遇。乘兴游台越，经永嘉，观谢公石门。后于广陵相见，美其爱文好古，浪迹方外，因述其行而赠是诗。"

还有一个坚韧不拔的人名叫李洞。《唐才子传》记载："洞，字才江，雍州人，诸王之孙也。家贫，吟极苦，至废寝食。酷慕贾长江，遂铜写岛像，戴之巾中。常持数珠念贾岛佛，一日千遍。人有喜岛诗者，洞必手录岛诗赠之，叮咛再四，曰：'无异佛经，归焚香拜之。'"他是贾岛的粉丝，头巾上贴着刻有贾岛头像的铜片，手中还经常持有一串为贾岛祈福的念珠。每次听说有人像他一样喜欢贾岛，他就一定会亲手抄录贾岛的诗相赠，还反复嘱咐：贾岛的诗无异于佛经，要焚香拜之。

白居易也受到疯狂崇拜。他在日本，受到上至天皇贵族，下至平民百姓的喜爱，每一首传递过去的诗歌都能掀起一股"白热"。日本嵯峨天皇非常喜欢白居易，将《白氏文集》藏于秘府。嵯峨天皇在位期间，日本宫廷设置了《白氏文集》的侍读官，白诗成了天皇的必读科目。

然而"大咖"级别的白居易，却是李商隐的粉丝，而且是愿意来世做李商隐儿子都不觉得吃亏的那种忠诚粉丝。白居易喜欢李商隐的文章，他说："如果我去世了，一下世能成为你的儿子我就知足了。"白居易去世多年后，李商隐得子，取名"白老"。所谓白老，即白居易的意思。这也算纪念白居易的一种方式吧。但是，据说这个儿子长歪了，痴痴呆呆的，温庭筠就拿这个对李商隐开玩笑：你的儿子是白居易的后身，有点辱没了白居易。

诗僧粉

唐朝僧人地位总体很高，中唐起开始盛行"诗僧"。诗僧是一群作诗的僧人，唐朝诗僧众多，在《全唐诗》中就有一百一十五人，占两千两百多名作者的二十分之一，寒山、拾得、皎然、齐己、灵澈等人就是诗僧中的佼佼者。这群人不仅被文人接纳，平民百姓对他们的印象也特别好。

为何盛行诗僧呢？有一个主要的原因是寺庙活动频繁，引来周边百姓的周期性聚会。在某种程度上，诗僧与民间百姓交流较多，他们的诗词也容易被平民百姓接受。尤其是在寺庙兴起的变文等文化形式，让诗歌传播得更快。很多士人、平民百姓都是诗僧的"铁粉"。连白居易都在《爱咏诗》中提到，自己的前生可能是一名诗僧。从名人到平民百姓，都能爱上诗僧，这也算是唐朝一大奇观。

我们现代人将追星的人称为fans，按音译就是"粉丝"。唐朝的追星族，有的粉丝本身就是大咖，他们相互粉，大咖与大咖之间惺惺相惜。当然也有疯狂的"脑残粉"，这是从古至今都不缺的货，想想都觉得后怕。而那些坚韧不拔的真爱粉、诗僧粉，则构成了粉丝的主体，这还稍微正常一点。不过遥想，在唐朝那样传播缓慢的古代，能形成这样的粉丝效应，诗歌的质量必须是"杠杠的"。

第七章

佳节风俗

一、唐人的七夕会表白和四处展示恩爱吗？ 唐朝七夕活动一览

农历七月七日是中国传统的七夕节，在这一天，人们互送礼物、浪漫约会、表白或求婚。试想，没有现代社会的商业氛围，没有互联网等便捷的交流方式，唐人在七夕节会做什么呢？

唐人的七夕节活动

七夕节源于东汉，他们第一次将牛郎星和织女星描绘成恋人，从这时起，已有牛郎织女七夕相会的故事雏形。相传，人们在七夕的夜晚，抬头可见牛郎织女鹊桥相会。七夕节风俗名目繁多，比如：穿针斗巧、喜蛛应巧、投针验巧、种生求子、晒书晒衣、拜织女、拜魁星、吃巧果、七姐诞、染指甲、妇女洗发、结扎巧姑、拜"七娘妈"……总体来说，各地风俗各有侧重，选其一二介绍。

乞巧仪式是唐人的七夕活动之一。乞，乞求之意；巧，巧手之说。乞巧风俗源于西汉，七夕节也称为乞巧节。这一天，宫廷、民间齐欢乐。

《太平广记》转载唐陈鸿《长恨歌传》中的宫中乞巧场景：一位叫"玉妃"的女子回忆："昔天宝十年，侍辇避暑骊山宫，秋七月，牵牛织女相见之夕，秦人风俗，夜张锦绣，陈饮食，树花燔香于庭，号为乞巧。宫掖间尤尚之。"从中我们可以知道，这是发生在骊山宫的七夕节。"张锦绣""陈饮食于庭""树花燔香"，都是宫廷乞巧的一些方式。

在民间，也流行"穿七孔针""设瓜果朝拜"等乞巧风俗。《唐语林》

转《荆楚岁时记》云："七夕，妇人穿七孔针，设瓜果于庭以乞巧。今人乃以七月六日夜为之，至明晓望于彩缕，以冀织女遗丝，乃是七晓，非夕也。又取六夜穿七窍针，益谬矣。今贵家或连二宵陈乞巧之具，此不过苟悦童稚而已。"民间通过"穿七孔针""设瓜果于庭"等方式过节，"设瓜果于庭"与宫中"陈饮食于庭"是一个意思。

唐朝文学家、官员权德舆[①]有《七夕》描述节日风俗："今日云軿渡鹊桥，应非脉脉与迢迢。家人竞喜开妆镜，月下穿针拜九霄。"柳宗元《乞巧文》也有类似描述："今兹秋孟七夕，天女之孙将嫔于河鼓。邀而祠者，幸而与之巧，驱去蹇拙，手目开利，组纴缝制，将无滞于心焉。为是祷也。"前述诗文提到的"开妆镜""月下穿针""拜九霄""组纴缝制"等，应是乞巧节的活动内容。

《全唐诗》刊录林杰诗作《乞巧》诗云："七夕今宵看碧霄，牵牛织女渡河桥。家家乞巧望秋月，穿尽红丝几万条。"崔颢《七夕》诗云："长安城中月如练，家家此夜持针线。仙裙玉佩空自知，天上人间不相见。"唐朝长安城中，家家户户的女子在七夕节时"穿红丝""持针线"，向织女乞巧。

实际上，七夕节的乞巧风俗有多种表现方式。比如，比穿针应巧风俗更晚出现的喜蛛应巧风俗。七夕节这一天，人们把蜘蛛放在盒子里，第二天看盒子里蜘蛛网的疏密情况，再判断是否"巧"者。万变不离其宗，乞巧是这个节日的核心文化诉求。

从唐朝女子对乞巧的热爱程度，可推测乞巧的目的是为了乞爱。乞巧，是示好，是自我证明，更为了乞爱。其实不难理解，哪有少女不怀春？她们希望未来有一个理想的婚姻，度过往后余生。但是，即使在稍有开放度的唐朝，女子婚姻也由"父母之命，媒妁之言"决定。想自由恋爱，门都没有，自由恋爱的概率远低于六合彩中奖概率。在她们看来，婚姻幸福的际遇，纯属

---

① 权德舆，唐朝文学家、官员，刘禹锡、柳宗元等人曾拜投其门下。

瞎猫碰到死耗子。遇到良婿，是侥幸。遇到不靠谱的，除了自怨自艾，只能靠自己，强大自己。所以，乞巧可看作是追求幸福。

中学课本中有乐府诗《孔雀东南飞》，诗中主角刘兰芝为何被婆家遣归？给出的理由是刘兰芝的织作不如婆婆之意。当然，这未必是最主要的原因，也许只是一个由头。乞巧，希望精于家庭手工劳动，其最终目的是希望在未来的婚姻家庭生活中，凭借灵巧的双手占有一席之地，得到丈夫和婆家的认可，生活能够幸福安稳。白居易在《长恨歌》中表达得很直白："七月七日长生殿，夜半无人私语时。在天愿为比翼鸟，在地愿为连理枝。"

日本受唐朝文化影响，从奈良时代中期到今日，都有在七月七日过七夕的习惯。为了庆祝节日，日本组织七夕祭、穿针乞巧和七夕诗会等活动。从这个角度看，日本也有与唐朝七夕节的乞巧类似的风俗，但是没有了"乞爱"这一内涵。其实，乞巧是动机，乞爱才是目的。这是唐人七夕节的精髓所在。

除了乞巧，唐人在七夕节前后还流行曝衣晒书的风俗。这风俗产生的原因是，七夕近初秋，雨季过后且温度较高，而曝衣（晒衣物）能消除雨季带来的霉味。此外，古人喜欢将图画书籍晒于庭中，也是为了防虫蛀腐蚀。如，杜甫诗作《牵牛织女》中提及"曝衣遍天下，曳月扬微风"，说的是七夕节前后晒衣服的风俗；又如，崔国辅《七夕》提及"阁下陈书籍，闺中曝绮罗"，说的是男子把书籍拿出来晒，而闺中女子曝绮罗。

未婚女子专属节日

在农业社会，男耕女织的社会分工模式决定了男女劳动领域的不同，以至于纺织、缝纫、刺绣等家庭手工劳动成为判断女子是否勤劳、聪慧的一个指标。这些也是女子教育的重要方面，在唐人的心里，如果一名女子无法在这方面达到要求，极有可能被判定为不合格。

　　杜甫在诗作《牵牛织女》中感慨道："牵牛出河西，织女处其东。万古永相望，七夕谁见同。……嗟汝未嫁女，秉心郁忡忡。防身动如律，竭力机杼中。虽无姑舅事，敢昧织作功。"不会纺织或不擅长纺织的未婚女子，特别担心嫁到夫家后，遭到婆家的苛刻待遇，于是她发愤图强，积极主动练习纺织。所有这一切努力，是为了嫁人后不被嫌弃。这正是男耕女织的封建社会中女子的实际思想状况。

　　了解唐人的七夕节可以发现，女子在这一天有着丰富的节日活动。如今，中国还有部分地区保有"乞巧"风俗，但其中有变化。比如，节日时间被拉长（历时七天八夜）、商业氛围浓厚（宣传当地旅游资源）、内涵不断拓展（不再是未婚女子专属）等。

二、古人寒食清明都忙什么呢？唐诗中的寒食节

　　寒食节是古人相当重视的节日，一般来说冬至后的第105天就是寒食节，也是唯一以饮食风俗命名的节日。因为与清明前后靠近，且都有祭拜祖先的习俗，于是寒食和清明的假期经常连在一起。唐律规定，寒食连着清明要四天或五天的假期。在《全唐诗》中，诗人们记录寒食节的诗歌数量不少，为后世研究寒食节、清明节提供了充足的素材。

诗中寒食

　　寒食节，生死离别，容易让人感怀，尤其是作诗盛行的唐朝，要是在寒食节没有一两首诗歌，总觉得缺少点什么。在留下的关于寒食节的唐诗中，

白居易的诗作稳居前列，一人写了三十四首，按一年一首的节奏，估计连写三十四年。总体而言，唐朝诗人的情绪发泄，无外乎空虚寂寞冷、忧愁思恋乐。

唐代诗人认为，寒食节是空虚寂寞冷的。张说《襄阳路逢寒食》道："去年寒食洞庭波，今年寒食襄阳路。不辞著处寻山水，只畏还家落春暮。"去年今年一对比，这落差和时光流转的空虚，跃然纸上。又如，韩偓《夜深》："恻恻轻寒翦翦风，小梅飘雪杏花红。夜深斜搭秋千索，楼阁朦胧烟雨中。"这寂寞的夜晚只有秋千索陪伴，够寂寞冷吧。

他们也在诗中写出了"忧愁思恋乐"的感受。寒食节的独特氛围，容易造就一种忧伤、忧愁的感受。比如，赵嘏《东望》写道："两见梨花归不得，每逢寒食一潸然。斜阳映阁山当寺，微绿含风月满川。""潸然"的诗人，在寒食节面对美好的春光，却因为无法回家而忧愁和感伤。又如，杜甫《小寒食舟中作》："佳辰强饮食犹寒，隐几萧条戴鹖冠。春水船如天上坐，老年花似雾中看。娟娟戏蝶过闲幔，片片轻鸥下急湍。云白山青万余里，愁看直北是长安。"杜甫在寒食节，愁看长安，忧的是个人命运，愁的是下一步何去何从。

思恋也是寒食节的主题，慎终追远，怀念先人和情侣，是一种淡淡的情怀。如，韩偓在《寒食日重游李氏园亭有怀》中写道"料得他乡遇佳节，亦应怀抱暗凄然"，节日和情绪的结合相得益彰。又如，雍陶思念远方的朋友，写下《寒食夜池上对月怀友》："人间多别离，处处是相思。海内无烟夜，天涯有月时。"

当然，寒食节的主旋律还有娱乐。白居易《清明日观妓舞听客诗》写道："辞花送寒食，并在此时心。"卢延让《寒食日戏赠李侍御》："十二街如市，红尘咽不开。洒蹄骢马汗，没处看花来。"唐朝诗人是奔放的、浪漫的，更是有情怀的，寒食节让他们有了更多属于自己的篇章。

信仰民俗

唐代诗人用诗歌记述自己在寒食节所见所闻，也为后世留下了祖先们如何过寒食节的宝贵资料。他们亲近自然，在寒食节禁火和寒食、扫墓、插柳，记录下了唐人生机勃勃的世相和民俗生态。

祭拜祖先、节日扫墓是古礼，但寒食节扫墓是唐朝才开始的风俗，《旧唐书》记载："寒食上墓，宜编入五礼，永为恒式。"寒食节扫墓一开始是民间风俗，后官府将其定为永例，"因俗制礼"促进了墓祭习俗的盛行。从史料看，扫墓之风在唐朝是全民行为，"寒食家家出古城，老人看屋少年行"。

扫墓时通常烧纸。白居易《寒食野望吟》说："丘墟郭门外，寒食谁家哭。风吹旷野纸钱飞，古墓累累春草绿……""纸钱飞"，是指寒食节的剪纸为冥钱的烧纸风俗。

扫墓之外，插柳、戴柳在唐朝也较为流行。"故园断肠处，日夜柳条新"，古人认为柳可以驱鬼，寒食节前后正是柳树发芽的时候，可以和过节风俗相得益彰。插柳一般插于屋檐、衣服上，或者放在"轿乘"上。当然，插柳也可能有"留恋""思恋"的意思，也是一种对先人的怀念。戴柳，就是把柳枝编成圈戴在头上，据说可以驱毒虫、防邪恶，也是唐人在寒食节期间与亲朋好友送别的一种风俗。《酉阳杂俎》记载，"唐中宗三月三日，赐待臣细柳圈，带之可免虿毒"。

当然，寒食节最主要的是禁火和寒食。在寒食节前后必须禁火，禁止炊火，也禁止照明的灯火。官府对此要求非常严格，"普天皆灭焰"，安排人员到民众家排查执行情况，违背者会被严肃处理。于是在寒食节前，人们要想尽办法准备食物以备禁火，进入寒食节，家家灭烟，只能以冷食充饥。"廊下御厨分冷食"，所谓"廊下"，是办公吃饭的地方，唐代宫中的寒食节，也是吃冷食的。

娱乐风俗

在寒食节，人们除了要遵守规定禁火、寒食，要扫墓和插柳，也会尽情享受娱乐活动。

斗鸡活动并非隋唐才有，但是在隋唐才盛行起来。皮日休《洛中寒食二首》说："击鞠王孙如锦地，斗鸡公子似花衣。"寒食节期间，你会发现城外到处都是斗鸡场。斗鸡是寒食节一个重要的活动方式。唐人喜欢斗鸡也是有历史传承的，莫高窟北魏壁画《斗鸡图》，说明在北魏时期就非常流行斗鸡。这有点类似后世的斗蛐蛐游戏，都是一种游戏。唐玄宗这位娱乐帝王，特别喜欢这样的活动，设置了专门的官职"斗鸡供奉"。上行下效，整个朝代进入斗鸡的娱乐时代，甚至把祭奠古人的寒食节都给占用了。

除此之外，人们还喜欢蹴鞠。唐人的蹴鞠，已是一种体育运动，类似今天的足球。寒食节期间，蹴鞠非常流行，王维就写过"蹴鞠屡过飞鸟上，秋千竞出垂杨里"一句。民间、宫廷和军队都有此类爱好。打毬则是寒食节的另外一种体育活动。

当然，与现在的清明节一样，寒食节时，大家喜欢郊游和踏青。这个季节，真是亲近大自然的好机会，所以唐人希望在追悼死者的同时也能游乐。对此，唐代官府的态度是绝对禁止，唐高宗、唐玄宗曾分别下过禁令，"不得作乐"。但是，唐人依然喜欢郊游和踏青，禁令渐成一纸空文。

寒食节历史悠久，到了唐朝已成为一个颇具综合性的节日。人们扫墓、烧纸、踏青、游玩、寒食、禁火，插柳等，其中一些活动传承到今天。

三、唐人也过元宵节？隆重的上元节

在唐朝，正月是节日较为集中的月份。正月初一是元旦，正月初七是女娲创造人第七天，这一天的节日被称为人日。而正月十五，唐朝称之为上元日，人们在这一天张灯结彩欢庆佳节，所以又被称为"灯节"，现代人叫作元宵。上元节在唐朝众多节日中，是带有宗教性质的，是道教的节日。在李耳被确认为李唐王朝祖先的情况下，把道教节日作为唐朝全民狂欢的日子。那么，上元节的来源是什么？唐人在这个日子一般都干点什么呢？

上元节的来源及兴衰

有人猜测，有上元，就可能有中元和下元。确实是这样的，道家三元节分别是：正月十五为上元，七月十五为中元，十月十五为下元。上元就是我们今天的元宵佳节。在唐朝，上元节也叫作上元夜、上元、正月十五夜，是唐朝民众认知度最高的一个节日。这是个全民狂欢的节日，尤其在宵禁制度下，能有一个全民彻夜活动的日子非常不容易。

从隋朝就开始了上元夜的狂欢。都邑百姓每至正月十五日，糜费财力，角抵竞赛。据《隋书》，长夜聚会，"大列炬火，光烛天地。百戏之盛，振古无比。自是每年以为常焉"。规模大，"建国门内，绵亘八里，列为戏场"。时间长，"从昏达旦"，从正月十五到月末。

唐朝初年经济复苏，人们参与上元节活动的积极性明显上升。事实上，节日民俗活动与皇帝的兴趣有关，更与经济发展相关，从节日本身也能看出朝代风貌。从史料看，有唐一朝的上元节也发生过几次变化。

实际上，在很多王朝的初创阶段，皇帝都算是谨小慎微、兢兢业业，而过了创业阶段，进入守业阶段的皇帝，便把前任皇帝的要求扔到一边，尤其随着国力的增强，更是喜欢、倡导节日活动。唐政权初建时期，李渊、李世民虽然喜欢娱乐活动，但还是主张休养生息，百废待兴才是这个时代的重头戏，所有节日的娱乐活动都不在皇帝的考虑范围内，他们认为在艰苦创业阶段不能恣情为乐，不愿意把精力耗在玩乐上

到了唐高宗至武则天时期，节日活动有所增加，贞观之治给唐朝带来了活力和底气，从《全唐诗》中可窥见一斑。崔知贤在《上元夜效小庾体》写道："欢乐无穷已，歌舞达明晨。"这等通宵达旦的描述，在唐诗中多有记录。比如武则天时期的诗人陈子昂，他在《上元夜效小庾体》写道："楼上看珠妓，车中见玉人。芳宵殊未极，随意守灯轮。"这组诗歌是陈子昂、崔知贤等唐朝诗人的点题诗作，有点像是面对繁华景象的得意之作。

从唐诗中可以看出，在高宗和武则天时期，上元夜这一日，在长安和其他大城市街头，城门洞开，无问贵贱，男女不避，万人空巷，玉漏不催，全民欢乐。

唐中宗到唐玄宗的"安史之乱"之前，是节日活动繁盛的阶段，上元日观灯等活动已成为上至皇帝、达官贵人，下至民众的重要娱乐活动。究其原因，主要是经济方面达到了唐朝一代的鼎盛。另外，日子过得特别好的唐玄宗开始骄傲起来，特别喜欢玩，带领大唐子民在各种节日中尽情娱乐，甚至有记载，少女妇千余人，于灯轮下踏歌三日夜。

"安史之乱"是唐朝的转折点，从此开始直到唐末，官府组织的活动渐少，民间活动虽存在但缺乏官府主导。唐政权衰落，无力组织娱乐活动也在情理之中。

观灯和看百戏

上元节有张灯结彩的风俗，这个风俗源于汉武帝时期。那时的正月十五，人们需要通宵达旦祭祀天神，在夜里张灯结彩有迎接天神之意。东汉时，佛教传入中国，佛教中观灯的风俗与上元节活动结合起来，就成为后世的看花灯风俗。在白居易眼中，这就是"灯火家家市，笙歌处处楼"。不过，限于技术条件，古代的花灯多用火把或蜡烛制作。

唐朝上元节的看花灯风俗盛行，规模很大。诗人韩仲宣在《上元夜效小庾体》写道："他乡月夜人，相伴看灯轮。光随九华出，影共百枝新。歌钟盛北里，车马沸南邻。今宵何处好，惟有洛城春。"这正是描述上元节这天人们在洛阳看花灯，人山人海的样子。《旧唐书》对在上元节燃灯也有记载：胡僧婆陀奏请夜开门燃百千灯，唐睿宗高兴地同意这个请求。这位胡僧开启了唐朝正月十五上元节官府燃灯的先河。韦蟾《上元三首》曰："新正圆月夜，尤重看灯时。"这首诗明确说出了上元节重视观灯的习俗。卢照邻《十五夜观灯》写得更加写意："缛彩遥分地，繁光远缀天。接汉疑星落，依楼似月悬。"孟浩然的《同张将蓟门观灯》也写出了在蓟门观灯的情景："蓟门看火树，疑是烛龙燃。"

百戏是民间乐舞杂技的总称。角抵百戏一般在正月十五日，也是隋朝初期定的日子，唐朝上元节百戏之俗应该是受到了隋朝的影响。《唐会要》记载："散乐历代有之，其名不一。非部伍之声，俳优歌舞杂奏，总谓之百戏。"

唐朝各皇帝中最喜欢百戏的是唐玄宗。玄宗御勤政楼，下设百戏，坐安禄山于东间观看。这样的活动在他在位期间，时有发生。唐文宗时期的诗人陈去疾的《踏歌行》，写到上元节的歌舞百戏："鸳鸯楼下万花新，翡翠宫前百戏陈。夭矫翔龙衔火树，飞来瑞凤散芳春。仙踪初传紫禁香，瑞云开处夜花芳。繁弦促管升平调，绮缀丹莲借月光。"从史料上看，看百戏是颇受官方、民间欢迎的活动。

迎紫姑风俗

迎紫姑也是上元节非常重要的风俗之一，《太平广记》记载了这个活动的来源："世有紫姑神。古来相传是人妾，为大妇所嫉，每以秽事相次役。正月十五日感激而死。故世人以其日作其形，夜于厕间或猪栏旁迎之。"这其中的"感激而死"，非感动、激动而死。刘敬叔的《异苑》也有描述，"紫姑不堪其苦，投厕而死"。把文献结合起来阅读就明白，紫姑经常被安排做一些清理污秽之物的事情，如倒马桶，在正月十五这一天郁闷自杀。"感激而死"的意思就是她由于过分激愤犯心脏病掉入厕所而死。后来，天帝命紫姑为厕神，主管人间家庭琐事。所以，在这一夜，民众入夜后会在厕所和猪栏边上祭祀紫姑。这习俗遍布唐朝的城市乡村，后世也有这样的活动。

宋朝陆游在《军中杂歌》提及："征人楼上看太白，思妇城南迎紫姑。"清朝的顾禄在《清嘉录·接坑三姑娘》："望夕迎紫姑，俗称接坑三姑娘，问终岁之休咎。"这些都在佐证，上元节迎紫姑活动至少延续到了清朝。

四、唐人是如何过年的？唐人正月迎新

隋唐时期的节日颇多，每逢佳节都会有丰富多彩的娱乐活动。其中，每年的正月是时令节日较为集中的一个月：正月初一为一岁之始，被称为元旦或者元正；正月初七是人日；正月十五是上月，也称之为元宵节、元夜或灯节。对于国人来说，最重要的是正月初一元旦。对于

唐人而言，除夕和元旦一个代表过去一年的句号，一个代表新一年的开始。

在除夕前，唐人会尽量往家里赶，希望在除夕之夜与家人团聚，聊聊过去，吃年夜饭，喝酒，围坐火盆守岁。唐朝正月迎新的除夕和元旦有哪些风俗活动呢？

民间风俗活动

驱傩仪式是唐人除夕的一大风俗。为求吉利安泰，古代多在除夕日举行辟邪、驱妖之仪。驱傩，现代人估计比较陌生，但这仪式在古代非常盛行，起源于周朝的一种仪式，在唐朝是相当重要的一种礼制。除夕前，宫廷中最庄严和热闹的活动，就是傩仪活动。这在唐诗中有反映，如元稹《除夜酬乐天》提及："引傩绥旆乱毵毵，戏罢人归思不堪。"

傩仪活动的特点在于人数多，规模大，有情节。人数多，体现在参加驱傩队列的侲子（即童子）数量多达五百人（汉朝一百二十人），年龄在十二岁到十六岁之间。这些童子在队伍中演唱和舞蹈，有点类似剧院的歌舞剧。当然，在人数不够的情况下，小范围组织活动也是可以的，让自己家的男孩子，戴上狰狞的面具，击鼓跳舞，以此驱鬼。

不仅宫廷举办驱傩仪式，州县也同步举办。《全唐诗》中，徐铉的《除夜》提及"乡傩"的一些情况："寒灯耿耿漏迟迟，送故迎新了不欺……预惭岁酒难先饮，更对乡傩羡小儿。"

唐朝是驱傩活动的鼎盛时期，其后，这古老的传统文化活动逐渐减少。在南宋后，驱傩活动最终被废停，最终消失于历史舞台。

与驱傩活动不同，唐朝的贴门神习俗被传承下来了。在影视剧和一些小说中，经常提到把尉迟敬德和秦琼当作门神，提到因为唐太宗杀人太多，杀弟杀兄争夺政权，后虽然夺得了江山，但夜夜噩梦。自从尉迟敬德和秦琼两个战神在门口站岗，李世民才一觉睡到天亮，再无噩梦。实际上，在唐朝并无此说法。唐朝民间的门神是神荼和郁垒，他们负责度朔之山的门——万鬼出入的门。元代以后，尉迟敬德和秦琼才被作为门神，走进了千家万户。

驱傩活动、贴门神历史都较为悠久，而爆竹在唐朝是新鲜事物。在唐朝，唐人喜欢用爆竹庆祝春节。爆竹是烟花、鞭炮的前身，人们把竹子放在火中烧，竹子随着空气温度变化会发生噼里啪啦的声音，被称为爆竹，意在辟邪。张说在《岳州守岁二首》说："桃枝堪辟恶，爆竹好惊眠。"

此外，唐人在春节还会相聚饮酒。在饮酒时，以年少者先饮为礼节。在唐朝，人们把花椒放在盘中，饮酒时撮一点放入杯中，据说可以驱寒祛湿。杜甫的"守岁阿戎家，椒盘已颂花"，说的就是守岁时喝的花椒酒。也有喝药酒的风俗，据说喝药酒可以避瘟疫。饮宴一直延续到元宵节，这一风俗在唐朝被称为"传座"，在中国南方的一些地区依然保留此风俗。家族越大，活动越丰富和频繁。

朝廷元旦朝会

对于大臣和朝廷来说，元旦朝会是一年开始最重要的仪式。这一活动沿袭前朝风俗，在元旦这一天，皇帝升殿，群臣朝会祝贺新年。这是官员的专属活动，京官和地方官都要参加，宰相、三司使、大金吾等文武百官身着华服。天蒙蒙亮，朝贺活动就开始了。唐朝诗人灵澈，他是刘禹锡、刘长卿的好友，曾在《元日观郭将军早朝》记录朝会"声甚众，仪甚隆"的情形。诗云："欲曙九衢人更多，千条香烛照星河。今朝始见金吾贵，车马纵横避玉珂。"长安城也因百炬耀街陌，谓之"火城"。

盛唐时期，除了京官和地方官参加朝贺，少数民族和归属藩国也安排使者朝贺，表达归顺和交好之意。

大家来也不能白来，为了喜庆，皇帝还会赏赐群臣，比如赐柏叶。这非贵重之物，但是富有意义。李又《元日恩赐柏叶应制》云："劲节凌冬劲，芳心待岁芳。能令人益寿，非止磨含香。"说的就是柏叶的两大寓意：一是柏叶在民间是用于祝寿的。因柏树后凋，芳气宜人，故取其叶浸酒，元旦共饮，以祝长寿；二是柏叶有凌霜傲雪和苍翠芳洁的寓意，故有希望大臣们忠于国事之意。

诗人的除夕夜

除旧迎新之际，唐人也会用手中的笔表达自己的心情。

白居易，有"诗魔"和"诗王"之称，与元稹共同倡导新乐府运动，世称"元白"，又与刘禹锡并称"刘白"。他在六十岁到来之际，感叹时间流逝、人生苦短，在《除夜》中写道："病眼少眠非守岁，老心多感又临春。火销灯尽天明后，便是平头六十人。"

贾岛，人称"诗奴"，与孟郊并称"郊寒岛瘦"，他的除夕夜，是一副苦兮兮的样子。据《唐才子传》记载："岛……况味萧条，生计龃龉。……每至除夕，必取一岁所作置几上，焚香再拜，酹酒祝曰：'此吾终年苦心也。'痛饮长谣而罢。"贾岛一生坎坷，每年除夕都要取一年之作置于案上焚香叩拜，总结过去，感慨终年之苦。

罗隐，唐朝著名诗人，他在除夕之夜表达自己空有理想又恐岁月不饶人的情愫，其《除夜作》云："官历行将尽，村醪强自倾。厌寒思暖律，畏老惜残更。岁月已如此，寇戎犹未平。儿童不谙事，歌吹待天明。"

孟浩然，盛唐山水田园诗人，与王维并称"王孟"，他在《除夜有怀》中云："五更钟漏欲相催，四气推迁往复回。帐里残灯才去焰，炉中香气尽成灰。渐看春逼芙蓉枕，顿觉寒销竹叶杯。守岁家家应未卧，相思哪得梦魂来？"

戴叔伦，唐朝中期的著名诗人，在旅途中过了除夕。这是一个寂寞的除夕，虽然诗人也觉得明日又是一个新的开始，但是写诗的那一刻感到孤独是必然的。《除夜宿石头驿》诗云："旅馆谁相问，寒灯独可亲。一年将尽夜，万里未归人。寥落悲前事，支离笑此身。愁颜与衰鬓，明日又逢春。"

唐太宗李世民也不甘落后，写下《守岁》："暮景斜芳殿，年华丽绮宫。寒辞去冬雪，暖带入春风。阶馥舒梅素，盘花卷烛红。共欢新故岁，迎送一宵中。"描写了皇宫内除夕守岁的豪华场面和欢乐情景。不过，这篇诗作传颂度不高。

辞旧迎新的除夕和元旦，历来都被人们重视。它们不仅仅是节日，在这样的时刻，人们停下手中的工作，回到家中，与亲人相聚，与朋友相聚，更是内心的相聚。慎始敬终，继往开来，正是这样的精神追求，让一代代人在五味杂陈的生活中坚持下去。

五、唐人重视过生日吗？唐人的庆生方式

对于每个人而言，生日都是其一生中非常特殊的日子，备受重视。在中国历史上，过生日的习俗起源于魏晋，隋唐前很难看到生日庆贺的活动，到了唐朝，庆生活动开始盛行。

普通人庆生

唐人有很多种庆祝生日的方式，当然最拿手的是以诗表意。诗人李郢出差途中记起妻子的生日，写下《为妻作生日寄意》："谢家生日好风烟，柳暖花春二月天。金凤对翘双翡翠，蜀琴初上七丝弦。鸳鸯交颈期千岁，琴

瑟谐和愿百年。应恨客程归未得，绿窗江泪冷涓涓。"诗中字句尽显夫妻情深，可想妻子读到此诗，定有嫁此夫不枉此生的想法。

在唐朝，为家人过生日而写诗的著名诗人还有杜甫。杜甫在小儿子的生日这天，也提笔写下《宗武生日》一诗："小子何时见，高秋此日生。"

诗人以诗表意，普通民众过生日如何庆祝呢？

现代人过生日，除了聚会庆贺外，喜欢吃碗长寿面。唐朝则是吃汤饼，不分贵贱，来一份汤饼。汤饼是一种煮制面食，有的叫作"水饮"（也有"水引"的说法），与今人的面条类似。长瘦，与"长寿"谐音，所以也被后世称为"长寿面"。《送张与》诗中的"尔生始悬弧，邀我作上宾。引箸举汤饼，祝赐天麒麟"诗句，写的就是类似现代人过寿吃长寿面的场景。

唐朝还有个风俗，生子第三日要宴请亲朋好友，这样的活动叫作"汤饼会"（另称为"汤饼筵""汤饼宴"）。宴席上吃汤饼，是对新生孩子的一种祝福，这一天被称为"汤饼之期"。

有钱人还可以设宴欢庆。《太平广记》记载："唐营丘有豪民姓陈，藏镪钜万，染大风疾，众目之为陈癞子……又每年五月，值生辰，颇有破费。召僧道，启斋筵。伶伦百戏毕备。斋罢，伶伦赠钱数万。"说的是营丘一位陈姓富豪，每年生日都会斥巨资庆祝，要请僧道来吃启斋筵，歌舞百戏齐备。开斋之后，赠送伶人数万钱。

民间民众的生日庆祝大约从中唐开始，有各种庆贺形式，添了好些喜气。用诗歌表达庆贺生日之意，用吃汤饼来庆贺生日，是唐人约定俗成的活动。

当然，民间过生日也有一些讲究，比如，父母在的时候，过生日可以有宴会，可以喝酒庆祝，但是如果双亲不在，这种娱乐性质的宴请自然要取消，生日这一天便成为寄托哀思的日子。《封氏闻见记》记载："近代风俗，人子在膝下，每生日有酒食之会。孤露之后，不宜以此日为欢会。"

皇帝庆生

　　人们重视生日，会以不同的方式庆贺。那么，唐朝皇帝们如何过生日呢？

　　唐太宗李世民反对以生日为由头的"宴乐之事"，这是唐初几位皇帝没有大张旗鼓为自己过生日的原因。据《资治通鉴》，贞观十七年（643），李世民百感交集，对长孙无忌等大臣说："生日是母难之日，这样的日子宴乐合适吗？"可以看出，当时祝寿风气已有攀升的迹象。唐太宗不喜欢过生日，却喜欢去诞生地看看，并留下了诗作《幸武功庆善宫》《重幸武功》《过旧宅二首》。他的出生地即武功庆善宫，或许这就是唐太宗对于生日的纪念方式。

　　唐玄宗李隆基对生日的态度截然相反，不仅不反对大搞生日，还引导为皇帝庆生潮流。开元十七年（729）八月五日，玄宗在位的第十七年，为了庆祝生日，他同意宰相奏请，把八月五日定为千秋节并昭告天下，群臣进万寿酒，献金镜绶带和以丝织成的承露囊。这是中国封建王朝首次以皇帝生日为官方节日，每年这一天举国欢庆。诏令规定，千秋节官员放假一到三天，罪犯大赦，以示皇恩。王建的《宫词》一诗中："天宝年来勤政楼，每年三日作千秋。"说的就是庆贺玄宗诞辰之事。

　　唐玄宗时，每年的千秋节，盛大的活动表演必不可少，舞马是其中之一。据《唐书》记载，唐玄宗曾命舞马四百蹄，各为左右分部目，"衣以文绣，络以金珠，每千秋节舞于勤政楼"，场面壮观。竿技也在千秋节庆祝活动中表演，演出时满城的人都出来观看，"八月平时花萼楼，万方同乐奏千秋。倾城人看长竿出，一伎初成赵解愁"（张祜《杂曲歌辞·千秋乐》）。赵解愁为表演竿技的著名伎人。他们时常在花萼楼举办仪式，"花萼楼南大合乐，八音九奏鸾来仪"（郑嵎的《津阳门诗》）。

　　天宝七年（748），刑部尚书兼京兆尹萧照奏请将千秋节改名为天长节，唐玄宗同意。改千秋节为天长节，意为人寿比天长，同时假期调整为前后各一天。于是，发生了地名修改的轶事。天宝元年（742），割江都、六合、高邮三地置千秋县。天宝七年，随着天长节的更名而改为天长，千秋县也自然而然改为天长县（今安徽天长）了。

千秋节的设置，满足了唐玄宗个人喜好，给官员们增加了几天的假期，但从史料来看，对它的评价并不太好。开元二十二年（734），朝廷发出敕令，指出诸州千秋节多有聚会，颇成靡费。杜牧以"千秋佳节名空在，承露丝囊世已无。唯有紫苔偏称意，年年因雨上金铺"讽刺唐玄宗，说他在本该处理政务的勤政楼，为满足一人愿望举办全国宴会，享乐误国，认为这些都是千秋笑柄。

唐玄宗过生日这事影响到后世，除德宗、顺宗、宪宗、穆宗、敬宗五朝没有设置诞节，其他皇帝登基后都设置了属于自己的诞节，并形成定例。据《封氏闻见记》，唐代宗时期有节，但决定不用什么名称，"犹受诸方进献"，可以理解为，大家送礼就行了，但专门起个名字就算了。唐穆宗想要过生日，但是宰相反对，认为古代根本就没有生日称贺的礼仪，皇帝也接受了这说法，只好停止过生日。唐文宗发现过生日真费钱，下令庆贺生日时禁止屠宰，只吃青菜。过生日真的花钱，关键是花了谁的钱？这些费用直接或间接来自民间，以给皇帝过生日的名义刮上民间一层地皮。有的官吏借此献媚，欺上瞒下，搞得民怨沸腾。

顺便提一下，唐朝各皇帝以老子道家为衣钵，唐玄宗定每年二月十五日为老子生日，在这一天休假一日。

第八章

城市管理

一、古人晚上允许外出吗？ 唐人宵禁制度下的烟火生活

有位叫张无是的人居住在布政坊，一天晚上他正走在大街上时，待最后一遍鼓声敲完之后，错过了进坊门的时间。于是，他悄悄溜到桥下蜷缩起来，只是为了躲避夜间巡夜人。这是发生在唐玄宗天宝十二年（753）冬天的故事，事情是否真实不可考，但真实佐证了唐玄宗时期实施了宵禁制度。

史上最严的宵禁

"明而动，晦而休。"在城市管理制度上，自周而起，到唐盛行后逐步衰弱，清朝再次被强化，一直到民国消亡，前后近三千年历史。实行宵禁制度的城市，夜晚不准出入，街道禁止行人，城门禁止出入。

违反宵禁，惩罚有点严重。汉灵帝宠信的宦官蹇硕的叔父违反宵禁，被时任洛阳北部尉的曹操得知并将其处死。蹇硕没有办法，汉灵帝也没有办法。此事不排除曹操杀人立威的可能性，但足见当时宵禁制度的严苛。唐朝官员、文人温庭筠喝醉了，忘记还有宵禁这回事，在街道上遇见巡逻的人，横冲直撞，被虞候打了一顿，毁容了，牙被打掉了。虞候把那些不堪的情况描述出来后，温庭筠名声被污。从这段记载看出，朝廷执行宵禁制度未有松懈，城市宵禁时，无公事、无可解释的理由在大街上闲逛，不会因你是名人、官员而被赦免。在唐朝，宵禁制度达到了顶峰，出现了"六街鼓歇行人绝，九衢茫茫室有月"的情景。

究其原因，朝廷严格执行宵禁制度，与宵禁的作用息息相关。

朝廷认为，宵禁制度能缓解治安问题。月黑风高夜，是犯罪高发期，也可能因为监控不严，流民或者细作进入城市，给城市的管理带来很多隐患。明朝末年，各个街道上都有更夫巡逻，按规定间隔敲锣，街道有铁栅栏上锁，即便这样，一些宅院也会被夜贼抢劫一空。类似的事情时有发生。以管窥豹，在吃不饱穿不暖的年代，拦路抢劫、入室盗窃屡禁不绝，以宵禁封闭的方式，可以减少或解决治安问题。

此外，执行宵禁制度还有利于封建王朝的城市统治。在唐朝，除长安、洛阳外，其他州县也要求实施宵禁，但是要论宵禁执行最为彻底的城市，唯有长安。这是一座皇城，宵禁对于政治的影响力，在于防止流民、敌人探子等搞破坏。尤其在战乱时期，宵禁能避免夜晚城市被破坏，避免大量流民进入城市。

古代战争不断，自然灾害也从未间断，最直接的后果是，流民多，抢劫案件也多。如果流民大量涌入，对于城市居民而言可能是一种灾难——光脚的不怕穿鞋的，都快饿死的一群人，不可能讲究城市的规矩。

宵禁的执行，不仅维护了政治统治，也符合唐人的治安要求。那么，唐朝的宵禁有哪些内容，又是如何执行的呢？

唐朝的宵禁措施

唐朝各时期的宵禁时间或有差异，但都在街道上设有钟鼓，每当开放和关闭城门、坊门、市门（为后世熟知的东市、西市）时，都以鼓声传呼：该出门的出门，该进市场的进市场，人们依据这些时间点设置出行、作息和工作的时间。晨昏时刻，关闭城门、坊门、市场大门，除坊内的自由活动，其他活动将被严格管理。所有的城门、宫门、坊门、市门都由大小官吏负责，还驻扎警卫人员，由他们负责开启大门，夜晚关闭大门。

街道宵禁管理以巡察为主，一旦发现，严肃处理。《唐律疏议》中载，违反宵禁规定的，笞二十，只有因公事、急事、凶事以及生病要去求医的，才能根据文书出入。宵禁期间，巡查者负责巡逻和校验行人，若徇私未处理违禁者，一经查实，巡查者被鞭笞五十下。朝廷还考虑到了巡查者身份被盗用的情况，因此规定，巡夜时，巡查者遇到另外一拨人时，要相互查看鱼符，也就是身份证明，才能通过。

除了街道的宵禁管理，朝廷也重视城门的管理，对城门、宫门、武库等地方的宵禁管理相对更加严格。为了加强城门宵禁力量，安排大城门百人、小城门二十人。夜里想进入宫殿，有出入证也不行，要是强行进入了，就是"阑入"，即擅自进入不应进入的地方。要是没有证件进入，罪加二等，持杖（武器）进入，直接绞死。非要事，非皇帝诏令，对于违反宵禁的事，朝廷对此零容忍。

管好城门等关键地点远远不够，坊内的宵禁是重点的管控区域。居民众多的坊和商户集中的市，四周都有围墙，里坊制的机制，已将城内的住宅区分为一个一个的坊或里。坊的外围有一堵高墙，墙上开门。从这个角度来说，对坊的管理就是管住大门，到法定时间点，禁止外出和进入，对于坊内的活动却不加限制。每个里坊的管理者叫作坊正，坊正下面还设有坊卒、门吏等多人。坊正负责坊门开关，若没有按规定开关，处以两年徒刑。在现代人看来，这处理不可谓不严。

此外，和对于坊的管理一样，市场的宵禁工作也备受重视。东市、西市是后世比较熟悉的两个大市场，其他城市也参照长安有自己的市场。对市的管理，主要是限制贸易的时间和空间。官府要求，所有贸易必须在指定的市场进行，而在时间上，到赶集的日子，以太阳到中天时击鼓三百声作为信号，民众聚集在一起；太阳落下去的七刻前，击钲三百声作为信号，百姓就散了。鼓比较好理解，钲类似鼓，是用铜做的乐器，形似钟而狭长，有长柄可执，口向上以物击之而鸣，敲打发声。

唐朝不同时期对宵禁制度的执行也有差异，但总体而言，宵禁在唐朝得到长足发展。这一最严格的宵禁制度，到了唐朝中期也出现了废弛状态，到底发生了什么？

宵禁下的地摊经济

唐朝中后期的宵禁已出现了管理松弛的情况，但因该制度一直存在，造就了古代一种特殊的夜市文化，即偷偷摸摸的夜市文化。进入半夜，巡夜人放松了，这样夜市多在"半夜而合，鸡鸣而散"。时人把这种特殊市场叫作鬼市，现代人称之为地摊经济。

从朝廷管理的角度，鬼市是不允许的，但存在即为合理。百姓在业余时间做买卖补贴家用，一般都是小规模交易。入夜后，唐人带上自己的货物到鬼市摆摊，货物中有家里闲置不用的物品，或是其自己生产的手工制品，也可能是其他生活用品，当然也有非正途得来的货物甚至假货。唐人愿意在鬼市交易，因为不仅卖家不需要交税，买家还可以淘到便宜的东西。

比如，冬日里的柴火便是鬼市中常见的货物。在冬季，人们对柴火需求量增加，有的人从山上砍下树木枝干，用来生火做饭或者取暖，也有人去购买，但是嫌东市、西市中柴火贵，于是便去鬼市上购买便宜的柴火。

鬼市无疑是违规的，于是一般在半夜管理最松懈的时候进行，天明即结束。长安务本坊的西门内，有当时著名的鬼市，选择风雨交加、天色昏暗的时间进行交易。当巡夜人来时，提前得到消息的人会收拾好物品离开躲藏，等巡夜者走后继续摆摊事业。

鬼市这种地摊经济的出现，也算是唐人社会经济多元化的体现，虽未被法令承认，但是客观上得到了买卖双方的认可。唐人的夜市，经过千年变迁已经成为现代人的地摊经济，只不过现代人可以公开叫卖和购买，在规范安排中进行交易。

经济决定政治，而政治又会被战争影响。安史之乱后，唐朝一些城市被严重损毁，城市的内部供给出现问题，大量物资从外地涌入，客观上促进了手工业和商业的恢复，也冲击着原有的"圈地式"坊市制度。

据《唐会要》记载，唐文宗时期的大和五年（831），京城坊门鼓还没有开始响时，就已被私下开启，甚至较晚的情况下，城门也未关闭。唐昭宗时期，军人百姓均能在夜禁之后随意行走。虽未有明确规定宵禁制度停废，但这些记载足以说明宵禁已有松弛。

宵禁松弛，是历史大趋势，因为这时一些唐人因土地兼并失去了赖以维生的土地，进入城市从事手工业、商业谋生。中原的商业经济萌芽已开始冲击原有的生活体系，大量人员涌入城市，原来的坊市模式已无法满足时代带来的巨变。到宋朝，宵禁废弛；明清两朝，宵禁又被启用。直至辛亥革命，在中国延续近三千年的宵禁制度，终告别了历史舞台。

二、古人重视垃圾处理吗？ 唐人的垃圾处理

从古至今，垃圾处理始终是人类城市生活中无法绕开的问题。当下，这一问题又随垃圾分类政策的全面实施尝试解决。那么，遥想当年，唐人是如何面对垃圾问题的呢？

古人垃圾问题严重

古人没有垃圾分类的管理方法，更没有对垃圾严重危害的认知。但是，古人至少认为乱扔垃圾是不对的。商朝人若把垃圾倾倒在街道上，被官府抓到后会被断手。秦朝规定，平民百姓乱扔垃圾，要在脸上刻记号和文字，并

涂墨水，即"弃灰于道者黥"。在现代人看来，秦朝对乱扔垃圾的处理比较残酷。如此严酷的处理，除了因为没有找到更有效的办法，最关键的原因还是垃圾问题过于严重。

古代大部分地区的排水设施并不完善。虽然隋朝的街道两边已有排水沟、路沟和明沟，大型建筑群也有排水渠，但是，整个城市的排水设施不完善，这是要人命的事。污水的排放怎么办？挖掘渗井。结果，污水直接下渗或者汇入地表水之后下渗到潜水层，污染地下水，整个城市的吃水就成了大问题。

除了设施不完善，随着经济的繁荣发达，虽说农业一直是古代经济的重点，但是手工业、商贸的繁荣已不可逆。在古代城市中，生活与生产垃圾、粪便是城市地下水的主要污染源，给城市管理带来巨大压力。统治者使用了各种惩罚的手段，却收效甚微。

先拿与唐朝邻近的隋朝举例。从汉朝到隋朝的长安城，已有八百年历史，地下水变得咸苦，不可食，垃圾问题严重影响到城中人的正常生活。隋炀帝下令在长安城东南部新建大兴城，搬家到新城，多渠道引水入城解决用水的问题。各种垃圾被随意掩埋，甚至堆积在住宅旁边，生活污水通过废井、废坑重新渗入地下。有些豪强家庭，为了解决污水问题，甚至专门挖掘了倾泻污水的深井，但是效果终究不明显。

唐朝建国后，沿用隋朝的大兴城，将其改名为长安。在其鼎盛时期，长安城占地面积达到八十多平方公里，拥有一百多万人口，可想而知，垃圾问题让朝廷非常头疼。

唐人的垃圾处理办法

实际上，唐朝和唐之前各朝代的垃圾分类并不复杂，毕竟那时没有化学用品，更没有一次性泡沫餐具、塑料袋等不可降解的垃圾。唐人要面对的垃圾，主要是餐厨垃圾、土石、木屑、废铜烂铁、粪便等。当时的长安城，手工业、商业发达，还是丝绸之路的起点，每天都要产生堆积如山的垃圾，唐人是如何解决这些问题呢？

历朝历代都重视垃圾处理的问题，出台一系列严苛的政策，这是"堵"的做法。同样，唐朝也有堵的做法。唐律规定，在街道上随便扔垃圾者，杖责六十，若管理部门履职不力，要与乱扔垃圾者一起接受处罚。另规定，在墙上打洞排出污秽物（或指屎尿之类）到街巷的，杖责六十，只排放清水的无罪，管理者不清查处理，和排污者同罪。

除了堵，朝廷也尝试用"疏"的方式解决问题。唐朝重视排水沟的建设，同时也加强排水设施的修缮。长安城除大道旁修有排水沟外，里坊与两市之间的街道旁也修筑有排水沟。但是，长安、洛阳有人随便取土挖坑，污秽之物便会直接流入排水沟，为此，唐玄宗发出诏令，要求整顿旧沟渠，不得在街巷挖坑取土。

此外，唐朝建立了严格的垃圾处理流程。他们指定了垃圾倾倒的位置，集中处理，这样处理的好处在于减少污染，由专业的人解决垃圾问题。实际上，因为无化学用品，那时的一些垃圾可经过加工处理后二次利用。

唐人的环保意识，体现在一种叫"哕厥"的东西上。长安居民随身携带的"哕厥"，我们可以认为是垃圾袋。不随手扔垃圾的意识古人也有。环保意识还体现在餐桌上。他们把肉骨鱼刺等垃圾，用专门的容器收纳，这东西叫作"渣斗"。客观来说，唐人已有将厨余垃圾分类的超前意思。渣斗盛于唐宋，宽沿，深腹，喇叭口，可根据口径大小来选择用途：大的置于桌席间，盛餐桌垃圾；小的盛茶渣、废水。

垃圾致富

网上有条信息，称上海垃圾分类的检查员收入达万元，也有人代收垃圾，月入过万。这些工作辛苦是辛苦，但总归是劳动所得。无独有偶，也有唐朝人因为垃圾回收走上了致富之路。

唐朝已出现了专门回收垃圾、处理粪便的职业。一位名叫裴明礼的人收取居民废弃的生活用品，分门别类，做好标签，久而久之还存下了一笔钱，这是历史上因为垃圾回收走上人生巅峰的第一人。后来，他又从事了一系列与垃圾有关的产业，前前后后的一些经营行为传到唐太宗李世民的耳朵里去了，皇帝认为这人还是蛮有智慧的，便将他封为御史。唐高宗年间，裴成了太常卿。这是一个靠着捡垃圾逆袭的人生。虽然此人的出现具有偶然性，但的确是变废为宝的超前意识让他发财致富的。又如，长安的罗会以收集粪便为生，最终家财万贯。有人从事垃圾回收的营生，有钱可挣，民间参与的积极性高，客观上促进了垃圾治理。

当代，全球垃圾问题日益严峻，已成为每个人必须要重视的问题。人类主观上都喜欢良好的生存环境，垃圾处理也不仅是当代问题，更是未来的问题。了解古人垃圾处理的一些情况，也会明白：从古至今，人类不仅一直在与大自然作斗争，自己的文明习惯也在进步。

三、唐朝如何管理住宅区？ 唐人的里坊制

唐代宗年间，长安城的街道上出现了侵街打墙、接檐造舍等违规行为，朝廷处理相关人员后，要求马上拆除。所谓侵街，是指居民把自己的住房向外拓展，侵占了坊内的街道，甚至侵占了坊外的街道。尤其是后者，严重影响了里坊制与宵禁制度。唐德宗年间，京城街坊墙有被破坏的现象；唐文宗年间，一些军人建房子侵占了街道，朝廷下令全部拆

除，委托街道使便宜处理。此类诏令、敕旨屡见不鲜。为何唐朝的街坊边经常发生这样的事情呢？这就涉及唐朝的里坊制。

里坊制的历史和发展

现代城市的大街小巷，住宅区临街一般是便民商业，有开店卖东西的，有开饭店的，有酒店，有理发店……在唐朝的大部分城市里，能否像现代人一样，在街边开个小卖铺发家致富呢？当然不行，因为当时长安城和各州县的主要城市实行居民管理的里坊制。唐朝城市管理制度，不允许人们在路边开店，要开店，就到东市或西市。其他城市，也有朝廷规定的市场交易地点，而在里坊外，不允许这样操作。

整个城市被分为若干方格状的封闭式空间，其中，住宅区被称为"里"或"坊"。在唐朝的不同时期，里坊数量不一样，通常认为，长安一百零八坊，洛阳一百零三坊，扬州约六十坊。唐高宗时期到开元初，长安城有一百一十坊。

为何要建立里坊？秦汉时期"百户一里"或"五十户一里"，隋前一般称为坊，隋炀帝于大业三年（607）将坊改为里，唐又将里改回坊。"坊"原与"防"同义，后合称为"里坊"，其根本或有"防"的意思。高垣耸立，壁垒森严，对城中居民而言，可防范违法分子的侵扰；对统治者而言，则有加强管理的意思，可以防民，在城坊战中又利于防守。当然，对于改"坊"的原因，唐人还有另外一个说法：他们认为，"坊者，方也。"唐朝的坊间不是方方正正的吗？坊内的十字布局，正如一个方正的棋盘。不管哪一种解释，坊间的布局是为了集中管理，这有利于统治者，却给居民的生活、交际带来一些不便。

到了唐中期，破坏里坊制的事时有发生，频频有侵街的现象。此外，出现了里坊内设置店铺的现象。唐长安城设东市、西市作为专门交易地点，到了唐中后期，一些商铺就开在坊内，居民不用跑老远去东市、西市买东西。例如，长安城中宣阳坊开设彩缬铺，延寿坊私售金银珠宝，屡禁不止。

里坊制为何频遭破坏？

一方面，是因为手工业和商业的发展。唐朝中后期，随着手工业和商业的发展，市场已无法满足日益发展的经济需求，地摊经济也出现了，宵禁制度受到极大挑战。于是，人们就有了打破里坊制、改变城市生活现状的需要。

另一方面，科举考试起到了决定性作用。唐朝的科举与前朝有所不同，朝廷有意识地提拔一些平民进入朝堂。这些人从民众中来，最为了解民众的需求，更能体会到里坊制已制约了经济发展，在历史大势下推动了这件事。到了北宋，里坊制被彻底打破，街巷制出现。它和长安那种封闭式的坊不同，城中没有坊门、坊墙，没有围墙，没有限制，每一个房就是独立的管理单位。街巷边上的店铺发展起来，正式宣告里坊制退出历史舞台。

但是唐人没有想到，里坊制的影响深远。日本京都平城京模仿长安城建设，几乎完全一致，位置一样，东、西市名称一样。这是遣唐使带回去的成果，是唐朝文化传播的见证。

唐朝里坊规定

唐朝的里坊外有高大的围墙，坊墙厚度一般为二米至三米不等，各坊内一般都开辟十字街，四面各开一坊门，规模大一点的坊内开四个门，规模小一点的开两个门。门很高，墙也很高。门是每天早晨五更开。唐律对普通民众加以限制，不允许他们在街道边开个门，所以从街道上看不到自己的家门。当然，也有例外的情况，三品以上的官员有权利把门开在街道的墙上。

坊内有商店吗？一般情况下，里坊四周沿街不准开设商店，居民在规定时间去东、西市买东西。唐中后期，一些坊内才有了店铺，供坊内居民交易。

坊内有自来水吗？没有，但是有其他水源。坊内的中间位置，一般都有水井，坊内每条道路都可以通到井边。这口井解决了居民日常用水的问题。

坊内的路是什么样的？坊内的路，被称为巷。古代建筑中经常看到巷，有的可过一人，有的可过车，大小不一，没有一定的规格，很容易迷路。

坊内有娱乐设施吗？有。基本每个坊都有宗教场所、小酒馆、小旅店、小作坊等，不出坊就可以享受各种娱乐。

坊内的安全如何保障？朝廷制定了坊里邻保制度，要求邻里之间相互监督。同时，官府安排人巡逻。尤其是晚上，坊门关闭，想出去很难，墙又很高，违法分子翻墙而入的难度太大。

坊内有官员吗？有。坊内居住的官吏，可以直接在坊内办公。据《唐六典》记载，百户为里，五里为乡。两京及州县之廓内分为坊，廓外为村。里及坊、村皆有正，以司督查。唐朝在里坊中设置了一些官吏机构，后续还有坊主、坊佐、里司、坊正等职。其中，坊正就是长安城各坊的直接控制者，是一个没有官品的管理者，主要工作是驱赶不符合要求的人员，维护坊内秩序。

白居易用"百千家似围棋局，十二街如种菜畦"形容一个城市的样子，长安城是唐朝大部分城市的里坊制的标杆。盛在唐朝，衰在唐朝，里坊制最终完成其历史使命。但在民间，依稀能在一些历史遗迹中找到"街坊""坊门""坊间"的痕迹。

四、唐人购物哪儿最强？ 东市西市购物指南

　　无论什么时代，人们始终绕不开商品交易这一行为。唐人是否像现代人一样，走出家门就能购物呢？或是每隔几天，便可赶集购买生活所需？其实，唐人购物既没有临街购物的便利，也没有逢集赶集的热闹。唐代历史上的购物场所，以长安城的东市、西市为标杆。在这里，唐人可以买到自己想要的东西，可以喝酒，可以娱乐，还可以见到很多少数民族百姓和外国友人。东、西市有何魅力？东市和西市各有什么特点？它们与现代的商业市场又有什么差异呢？

东、西市发展史

　　在长安城，唐人多在东市和西市购物。朝廷规划长安的城市建设时，选择建设东市、西市的原因主要考虑到四点原因：市场与住宅分开、地理位置对称、市场规模一致和人们购物距离较为方便。事实上，除了东、西市，朝廷还设置了中市、南市和北市三个市场。

　　中市起于唐高宗时期，据《长安志·安善坊》记载："高宗时并此坊（安善坊）及大业坊之半，立中市，署领口马牛驴之肆，然已偏处京城之南，交易者不便，后但出文符于署司而已，货鬻者并移于市。至武太后末年，废为教弩场。"官府设置的中市、南市和北市都没有经得起时间的考验。论繁荣和名气，还是东、西两市。

接地气的西市

在长安城，西市服务于普通民众，以国际贸易为主，交易的大多是来自西域、日本的商品。西市的商铺曾有七万多家，考古学家曾在仅五百多平方米的范围内发掘出了三条道路、三条水沟、十七口古井和四百五十多件各类文物。考古发掘的成果，对于再现大唐西市的盛况有着重要意义。

西市的地理位置也决定了其人群与东市有所差异——它是一个大众市场。众所周知，外来人口较多的地方因为人口稠密，容易形成市集。据宋敏求《长安志》，西市固定商铺四万多家，"商贾所凑，多归西市"。这里是丝绸之路的起点，胡商云集。这要得益于唐朝是那个时代的全球"王者"。西域诸国打仗归打仗，商人往来几乎不受影响，来唐朝学习、交流、朝拜、传教，甚至有人就地定居，一些胡商就在西市安家落户。

相比东市，西市接地气多了，供给柴米油盐酱醋茶等生活用品，有药品店，有酒肆，有食店，有帛肆，有绢行，有青楼，有秤行……是一个国内购物的主战场，更是一个国际贸易区，又被称为"金市"。崔颢《渭城少年行》提及："……五陵年少不相饶。双双挟弹来金市，两两鸣鞭上渭桥。"

那么，除了买东西，人们到西市还能干点什么呢？

西市是个杀人地，围观群众可以按官府的诏令观看全过程。据《御史台记》，"上令状出，诛俊臣于西市。人竞脔其肉"，写的就是人们围观处决酷吏来俊臣的情景。

长安的酒肆也多分布在西市中，经营者多为胡人。波斯人和粟特人，在唐人看来都是胡人，后世就沿用了这个模糊的称呼。李白的《少年行》有句："……五陵年少金市东，银鞍白马度春风。落花踏尽游何处，笑入胡姬酒肆中。"这首诗写于唐玄宗天宝三年（744），据说是在抨击长安纨绔子弟的生活。我看未必，这可能是李白内心所想。

对于很多男人来讲，西市最吸引人的是胡人酒肆，有能歌善舞的西域妹子陪他们喝酒。酒肆就是美酒和美色合二为一的地方。胡姬在酒肆的任务主要有二：一是当垆卖酒、陪酒，二是歌舞表演。李白在《前有一樽酒行二首》中说："胡姬貌如花，当垆笑春风。笑春风，舞罗衣，君今不醉将安归。"提到了在酒肆看胡姬表演的场景，还提到了胡姬的工作内容。

哪些人经常光顾西市的酒肆呢？中外商人。他们在这里放松心情，谈事情、沟通感情，费用不高，交流通畅。还有大唐比较流行的游侠，他们喝酒豪气，东市高端大气上档次的酒楼消费不起，西市是一个消遣的去处。当然也有应试的举子们，三五成群少年行，有点类似如今的大学生，西市也是他们聚会的场所。此外，并非所有达官贵人都有钱，有些当官的，在不太忙的情况下每天只上半天班，下午休息，邀几个同僚去西市喝点酒，也算职场社交了。

除了看杀人、逛酒肆，西市还可以招聘人才。据《太平广记》记载，宰相李林甫自己知道坏事做得太多，天下怨声载道，必有灾祸，便找到一个术士打听如何免灾。术士说，可在长安城里找一个善于射箭的人以备不测。李林甫就从西市招募来一个。

西市有药店，还可以买药。《柳宗元集》中记载："宋清，长安西部药市人也。"关于药店的记载不多，但可推测，那时药店是一条街上必不可少的。

服装店也算是西市的一个特色。《太平广记》记载："经十许日，郑子游，入西市衣肆，瞥然见之，曩女奴从。"

当然，西市必须有饭店。《天平广记》记载：牛生先取将钱千贯，买宅，置车马，纳仆妾，遂为富人。又以求名失路，复开第二封书，题云：西市食店张家楼上坐。

简而言之，西市针对民众、少数民族和流动人口的不同需求，商品丰富，消费层次以大众水平为主。西市的繁华已成历史的尘埃，但是在当今再现历史场景的影视剧中，在现在西安的"复古"西市中，依旧能见到曾经的一抹亮色。

富人专属的东市

东市周边多是达官贵人，属于权势阶层。《长安志》记载："……公卿以下居止多在朱雀街东，第宅所占勋贵。"大明宫和兴庆宫，这两个宫殿是皇帝听政地，恰又偏东位，为了上朝方便，唐玄宗时期及以后的官员们纷纷在东市附近置房产，自然而然形成了聚居区，所谓"物以类聚，人以群分"。

据《长安志》记载，东市中四方奇珍，皆所积集。在商业区中，任何奢侈品牌都有分店，可惜那时唐朝的皇帝们根本就没有想起收奢侈品税这件事。据史料记载，东市属于高消费区，有大量名贵商品和奇珍异宝销售。比如，在东市可以买到年份比较久的灵芝和人参，也可以买到汉朝的砚台。

东市有多大，没有一个明确的记载，从《入唐求法巡礼行记》记载中可见端倪："会昌三年六月二十七日，夜三更，东市失火，烧东市曹门以西二十四行四千余家，官私财物、金银、绢药等总烧尽。"四千余家的东市，可见商家和货物之多，算是一个巨型的超级市场了。我们能从史料中解读出来的东市，其特点是：东西贵、稀有、富人专属。

《太平广记》记载了陈子昂的成长史。一个默默无闻的人，想要被认识，就得做一些出格的事情。陈子昂选择了在东市卖胡琴，特贵的那种，最终成功了。试想，如果陈子昂跑到西市去折腾这样一圈，效果未必好。

当然，在东市还可以租赁毛驴，有铁行，有笔行，有杂戏，也有琵琶名手，还有两家印刷厂和锦绣财帛行……还有更多店铺已消弭于历史。

现代大城市都有核心商务区，遥想当年，唐朝的商业在多方受限的情况下仍如此发达，还形成了当时顶级的商务区，令人心向往之。

第九章
制度保障

一、唐人是用银子购物的吗？ 唐朝的通用货币

白居易的《卖炭翁》中有这样一段话，"一车炭，千余斤，宫使驱将惜不得。半匹红绡一丈绫，系向牛头充炭直。"有人不禁疑问，在唐代不是用银子换东西吗？难道那时还有以物易物这件事？用绢帛换东西已超出了现代人的认知，而这些认知，很多恰是源于古装戏用银子或铜钱支付的画面。实际上，白居易如实写出了唐人的实际生活。要知道，在唐朝，绢帛是通用货币之一，而银子尚未以通用货币的身份流通，更没有银票这回事。至于所谓"腰缠万贯"的铜钱，成为通用货币的发展道路是较为坎坷的。

绢帛也是货币

唐及唐以前，农业社会的人们能自给自足，买东西这事要搁在那个时代，在用铜钱、黄金和银币买东西和以物易物两者之间，他们会坚决地选择后者。以物易物的消费惯性，再加上朝廷鼓励男耕女织，绢帛成为有价值的物品，所以，朝廷把绢帛作为货币流通，深受民间欢迎。这样的交易方式自然、不突兀。朝廷多次下诏，规定了钱帛并行的货币政策，唐人在公私交易上都可绢帛、铜钱共用，但绢帛作为唐朝通用货币，其社会地位高于钱币，朝廷认为货币为末，绢帛为本，千万不能本末倒置。开元二十年（732），唐玄宗下诏，绫罗绢布杂货可以用于交易，哪个商家坚持用铜钱是要被处罚的。贞元二十年（804），朝廷规定民间进行交易时，绫罗、丝绢、布匹、

杂货与钱币兼用。元和六年（811），朝廷规定，十缗①以上的交易，必须要掺杂绢帛。太和四年（830），对掺杂绢帛的数量也做了限制，百缗以上的交易，必须要掺杂一半的绢帛。

除了用于交易，绢帛还可以交税。史料记载，天宝年间的税收中，有布绢绵二千五百余万端屯匹，这足以说明绢帛作为税收为唐朝廷所承认。

绢帛是人们生活中不可缺少的东西，它的货币化也说明了绢帛是有价值的。生产绢帛的过程就能带来价值。除了官方生产，官府并未禁止百姓生产绢帛等，平民百姓生产的绢帛若是符合标准，也可以参与流通。

不过，绢帛参与市场流通是有条件的。朝廷规定了使用的尺寸，且进入市场的绢帛不能裁减。《通典》记载，在开元二十二年（732）五月，唐朝布帛的官府定式为阔八寸，长四丈为疋，布五丈为端。一旦发现不合格或者被裁减过，绢帛就不值钱了。到了唐后期，货币流通混乱，绢帛的货币地位下降。之前的绢帛一匹能换三千二百钱，而到后唐德宗时期，一匹降为一千六百钱，价格腰斩，且经常波动。

事实证明，以物易物的方式仍太原始。绢帛缺乏统一性，优劣判断较为复杂。唐后期，绢帛不像中前期那么受欢迎，人们回到将铜钱作为主流货币的轨道上来了。

为什么人们较多地使用绢帛而较少使用铜钱？除了以上提到以物易物的习惯使然，还有一个最重要的原因：唐朝缺铜。有白银的矿山一般都有黄铜。唐宪宗时期，朝廷规定，五岭以北的地方，私自开采白银一两要被流放，当地官府也要被处罚。核心不在银，而是铜矿太少。太和三年（829），朝廷允许以金银装饰佛像，不能使用铜。总体来说，唐朝官府对绢帛情有独钟，唐朝的大部分时期，民间使用绢帛的地方远远多于用钱的地方，但是官府从来未放弃使用铜钱。

---

① 缗，古代穿铜钱的绳子，引申为成串的铜钱。在唐及之前，每串一千文，十缗等于一贯。

铜钱的使用

唐初期，仍沿用隋朝的五铢钱和其他古钱。唐高祖武德四年（621），唐朝废除了隋文帝开皇年间所铸的五铢钱，重造新币，史称"开元通宝"。此后，民间私铸钱币之风不断，劣币搅乱了唐朝来之不易的货币市场。朝廷认为这种风气不能助长，于是制定严令，担纲盗铸者，杀无赦，没收所有财产。私铸钱币利润大，且朝廷并无防伪措施。民间私自铸造货币的现象并未因为朝廷的严刑峻法而有所减少。

劣币驱逐良币，唐高宗希望发行新钱解决私自铸币的问题。乾封元年（666），唐高宗发行"乾封泉宝"，一枚新钱等于十枚开元通宝，价值高。唯一的缺点是平民百姓不认，市面上几乎不愿意用。乾封泉宝从创意到实施，寿命八个月，政府不得已下诏宣布恢复旧制，"仍令天下置炉之处，并铸开元通宝钱"。唐高宗的新币计划就此夭折。

李治造钱以失败告终后，武则天曾要求悬样钱于市，要求百姓按这样钱的模样用钱，而那些加入铁、锡的劣质钱币不得使用。但是，"盗铸蜂起，滥恶益众"。江淮之南，盗铸钱币的情况非常严重。永淳元年（682），朝廷敕令，私铸者杀头，相关人员根据情况处以杖、流放等刑罚。但是，情况并未好转，洛阳、西安两地的"恶钱"仍旧泛滥。

民间的那些铸币者是官府的竞争对手，劣势也非常明显，毕竟铸钱技术掌握在朝廷手中，民间那些技术专家的能力不够，造出来的钱币品相不佳，良莠不齐。总体来说，私自铸币弊大于利，不仅搅乱了市场，还与官府分利，这是唐朝皇帝们一直坚持打击私人铸币的原因。

唐玄宗发行开元通宝，保证质量，提升钱币重量，类似加量不加价。唐平民百姓经过"货比三家"后发现，开元通宝比民间的私铸钱好上许多。解决了铸钱质量问题，唐玄宗也认识到了民间私自铸造钱币，部分原因在于官府钱币发行不足。据《新唐书》载，开元年间，国内钱炉增至七十余座，天宝年间达到九十九座，全国铸造量每年可达三十二万七千多贯，这是唐朝铸钱业的高峰时期。新钱保值空间大，供应量充足，有效遏制了恶钱。

唐朝的白银和飞钱

在唐朝，白银非流通货币，到了宋朝才作为货币在市场上流通，但仍非法定货币。不过，唐朝廷确实铸造过银制的开元通宝。开元十九年（731），庸调银十量，存世量不大，它面世后并不用于流通，而是在小范围收藏，也可以作为礼物相互赠送。

唐朝没有纸币，但是有纸币的前身——飞钱。由于跨区域交易携带绢帛和铜钱非常不方便，路途成本高，且不安全，也是为了防止铜钱向外流失。据《新唐书》，贞元初年，地方各州县发出公告称，钱不得流出本地界。禁令导致各地钱币无法流通，而民间"钱益少，绢帛价轻"。这样的情况下，浙西观察使李若初向朝廷建议，允许铜钱外地交易，朝廷采纳了这个建议。然而，一管就死，一放就乱，钱币出境者不可胜计。不得已的情况下，唐宪宗元和四年（809），朝廷下令禁止铜钱过岭南，防止铜钱由贸易口岸流出。

唐朝茶业等交易兴起，商人需要钱，官府不让钱币出境，飞钱就在这样的背景下诞生了。飞钱的出现解决了唐朝钱币缺乏、跨地区交易和钱币不易携带的问题。当时的飞钱有官方操办的，商人在京城把钱给指定机构"进奏院"，"进奏院"收到钱后给开具"文牒"或"公据"，一联交给商人，一联寄往地方，商人可凭借此证明到指定地方取钱。元和七年（812），唐宪宗下令，飞钱业务要收百分之十的手续费，即每贯（一贯一千文）付费一百文，由朝廷统一经营。由于参与办理的商人较少，最终改为免费。

在唐朝历史上，曾经三次禁止飞钱的发展。因为飞钱的发展太快，导致钱荒更加严重了。民间囤积钱币，尽可能使用飞钱，影响了货币市场。此外，那时唐朝根本没有防伪措施，一张票开出去，没有技术手段验证真假，出现了兑换信用的问题，商人不敢使用汇兑。直到北宋铸钱量增加，钱币问题得到缓解，飞钱完成了它的使命，正式走下了历史舞台。总体看来，飞钱有利有弊，但不可否认的是，它的诞生将唐朝的货币历史向前推进了一大步。

在唐朝，绢帛可以用来交易，它不仅有实用价值，也在相当长时间内承担了货币价值；而钱币的推广使用一直困难重重，民间的恶钱与官方货币的斗争史为后世货币发展积累了经验；在唐宪宗时期诞生的飞钱丰富了货币的形式。唐朝是中国货币史上承上启下的朝代，绢帛与铜钱的并行，飞钱便捷推动了快捷支付，在货币史上留下了浓墨重彩的一笔。

二、为何唐朝每三年一次人口普查？唐朝的户籍制度

籍账编造即人口普查，而人口普查是户籍制度的重要数据基础。为何唐朝这么频繁地进行人口普查？唐朝的户籍制度究竟是什么样的？

户籍制度越发完善

户籍制度源远流长，可以追溯到殷商时期；户籍是我们在这世界上的身份证明。从有文字开始，就有了户籍的概念。据甲骨文记载，早在商代出现了"人登"或"登众"这些内容。这是史料中已知最早的人口登记制度。春秋战国时期，官方认识到"欲理其国者，必先知其人，欲知其人者，必先知其地"（《管子》），于是，官府强化了户籍管理，将辖下人口的户籍与土

地绑定到一起。经秦汉到魏晋南北朝，户籍制度一再完善。唐初治世，通过对各种法律的修订，户籍制度得到进一步地完善和发展。

管控严格是唐朝户籍制度的一大特色。首先，唐朝官吏经"貌阅"确定平民百姓申报户口的真实性。"貌阅"，顾名思义是相貌审阅，可以理解为根据现在的相貌进行描述，然后记录下来。比如，左下方有个痣，瘦，身高多少，诸如此类的信息。一旦定貌后不得更改，官吏根据看到的信息和登记的信息进行比对，若有差异，被查实欺骗，是要被处罚的。

其次，人员外出须经过严格申报。要想出去可以，必须持有通行证。

最后，依托血缘关系控制户籍。血缘关系的管理是中华五千年历史的传统，此做法一直从原始社会延续至今。在唐朝，一个直系血缘近亲群体为一户，家长是责任人，承担交征税役的责任，要是脱漏户口，家长会被处以徒刑三年。

从史料中可以看出，唐朝频繁进行人口登记，这成为其户籍制度另一大特色。在没有科技手段、交通并不便捷的唐朝，实施一次全唐"人口普查"有多难可想而知。但唐朝从建国到大历四年共一百五十二年间，共计五十五次籍账编造，即平均三年一次，足见对其重视程度之高。

唐朝不断完善其户籍制度，与时俱进求变。从春秋战国时期形成的户籍与土地绑定的户籍制度，执行到了唐朝中期，大批劳动力已从农业中脱离出来，与土地绑定的户籍制度明显不合时宜。此时，选择适当放宽户籍绑定，将唐人进行区分，并不完全与土地挂钩。唐人被分为士农工商，也分为课户、不课户。此举在客观上促进了人口流动，为后续商品经济发展、手工业经济繁荣带来了便利。

编户、非编户等级划分

自隋起，户籍制度除了标明籍贯、人口等，还增加了"编户"与"非编户"的身份标签。其中，编户是良民，也叫自由民；非编户是非良民，非自由民。朝廷把非编户称为贱民。

唐朝的贱民分为两类。一是给官府服役的官贱民（工户、乐户、杂户）；二是依附于门阀世族的私属贱民（部曲、奴婢）。贱民没有资格被编户，更没有资格拥有自己的财产，只能依附于主家。唐律规定，奴婢是主人的私人财产，换句话说，奴婢可以像货物、畜产一样交易，可以被明码标价、转让赠送和自由买卖。

编户和非编户是身份象征，两者之间就像有条不可跨越的鸿沟。编户不能娶奴婢为妻妾，一旦违反，要被判刑。男良民一般要做两年苦役，为妻或妾的奴婢继续为奴婢。此外，唐朝对贱民的限制很多。以"乐户"为例：非编户乐工不能与平民通婚，男性不能读书、不能考科举入仕，手工业者的后辈也得学习手工业，不能轻易改行脱籍等，真可谓"一入贱籍深似海"。

那么问题来了，难道他们一辈子都得是贱民吗？理论上是这样。唐朝贱民要想改变身份，门槛非常多，其过程非常复杂，说起来也没有现实意义。贱民想要恢复为良民户籍，可能需要几代人的努力，还得是祖上烧了高香，遇见好家主或好机会才能实现。

唐朝户籍制度保证了等级划分，是维护统治者和门阀士族利益的重要手段。随着五代十国动乱和门阀士族瓦解，以及商品经济萌芽，到了宋朝，城市户口（"坊廓户"）和农村户口（"乡村户"）的时代到来了，此政策延续至今。我们相信，随着农村城市化的变迁，城市户口和农村户口这样的户籍制度非常有可能在历史长河中消亡。

申报户口手续

现代人没有户口本、身份证寸步难行。在唐朝，若平民百姓没有申报户口，影响可大了，可能会影响到分田地，影响邻居保坐，也影响出行，好些事情无法顺利办理。在唐朝，每人都必须履行户口申报的义务。

唐人须如实申报户籍。唐朝沿袭了秦汉以来平民百姓自己申报（自占）户口的办法，即手实制度。申报内容包括户口、年纪、田地、与户主关系等，里正（户籍管理官员）定期安排所辖范围的户口情况，州县据此编制户籍，上报尚书省户部。

官府安排人员核实相貌，简称"貌阅"。武德时期的史料中有"团貌""貌审"的说法。在敦煌出土的唐朝籍账残卷中，曾有"右足跛，耳下小瘤，面有黑子"之类的文字，可能即为唐人"貌阅"的记录。唐人申报户籍信息时，除登记年龄、与户主关系等相关信息外，还须在资料中记录相貌特征，如同是现代人身份证上的照片。当时户籍的档案通常记录的体貌特征有肤色、身高、面部特点及其他特征等内容。"貌阅"制度的产生，初衷估计是防止作伪，也可能是民户脱籍逃亡后的追捕线索。

此外，还须登记年龄。与现代人相比，唐人的年龄登记有点粗略，并不登记具体出生年月，而是在户籍档案上注明"黄小中丁老"的字样。在唐朝，三岁以下，登记为黄，这较容易理解，"黄口小儿"，即为年幼的意思；四到十五岁，登记为小，男孩为小男，女孩为小女；十六到二十岁，登记为中，男性为中男，女性为中女；二十一到五十九岁，登记为丁，男性为丁男，女性为丁女，成丁即意味着要承担赋役；六十岁以上，登记为老。

朝廷已将户口登记这件事考虑得较为周详，定期安排人口普查，整理资料，登记信息。限于技术条件，未必精准，但是从程序上，与现代仿佛一致。

外出需报批

按人口流动区分，户籍制度将人口分为土户和客户。当然，客户不是现代意义中的"客户"，唐朝的客户特指离开居住地的人口。这种区分方法直接反映统治者对人口流动的态度，即严禁流动，希望平民百姓在一定区域内活动，经常性外出，本身就是不安定因素。

但是，旅游、走亲戚、外出办事的唐人想要外出怎么办？需要申请通行证，完成登记、申请的程序。申请材料包括：姓名、年龄、相貌特征、去哪里、干什么、带什么东西、同行者还有谁、谁给做担保。申请材料写完后，交给里正，经州县官府盖章签字后继续上报，经州官府盖章签字，才可以发放通行证。一来一回需要多久，史料并没有记载，但考虑到当时的交通情况，效率不容乐观。

申报获批后，可以临时变更行程吗？答：不行！实际的行程要与申报行程严格一致，否则一旦被发现，或面临牢狱之灾。在唐朝，没有摄像头的监控，更没有大数据行程码跟踪，只能说，土方法执行起来虽然麻烦，可在统治者看来，能管理起来就是好事。

三、唐人重视未成年人保护吗？ 唐朝的未成年人保护制度

在唐朝，对未成年人的保护尤为重视。唐人为何重视未成年人保护，又是如何做的呢？

历朝历代的未成年人保护

有一个有意思的现象是，我们中国社会中，有一件事被一以贯之地完善和执行，即未成年人保护，并在历朝历代从舆论、道德要求、立法惩治约束等方面，不断推行。

　　人口增长的需要是重视未成年人保护的主要原因。对于古人而言，天灾、战争是巨大的人口绞肉机，人们没有技术，甚至没有能力对抗天灾和战争带来的伤害，人口损失严重。而人口体现了国力。本书提到的唐朝政府重视寡妇再婚问题、重视大龄剩女结婚问题，说到底都是为了人口的增长。

　　此外，儒家思想的尊老爱幼是保护未成年人的思想根源。儒家文化追求和谐社会，这样有利于家庭稳定。同时，对于大部分统治者和官员来说，他们非常重视道德评判，对未成年人的仁慈能赢得民心。这是他们的道德需求，也是中华民族官员们自我道德底线的要求。

　　唐朝之前，已有未成年人保护的政策和史例。先秦年间，时人提出"幼吾幼以及人之幼"，这是保护幼儿的思想；同时，在刑罚方面，官府规定未满八岁的孩子可以免除连坐罪行。战国时期的未成年人保护工作，仍延续原有政策，各诸侯鼓励平民百姓多生孩子，也拿出了一些措施。越国的平民百姓生了双胞胎，官府安排专门机构帮忙。随后一些朝代纷纷出台政策，秦朝对弃子行为采取法律处罚。两汉时期，怀孕的妇女可免除劳役。南北朝时期，建立了孤独园收养单身老人和孤儿……大部分朝代都重视并拿出了未成年人保护的措施。

　　到了唐朝，这个中国封建王朝的鼎盛时代，对老弱病残群体的关注度更高。唐朝是如何开展未成年人保护的呢？

未成年人保护法

　　唐朝编制《唐律疏议》，以法律方式明确了关于未成年人保护的法规。这是中国历史上第一部以法律形式明确未成年人保护的法典。法令中，划定了刑事责任的年龄，明确救助措施，形成了未成年人保护制度，这些都较前朝的未成年人保护更加完善和系统化。换句话说，前朝虽然也有政策，但是零碎，唐朝编制了集前朝法典之大成而形成的新法典，系统性实施保护的措施。

唐朝还设立了专门机构，负责未成年人保护工作。成立机构并非唐朝独创，但唐朝机构设立后，自上而下系统化地开展保护工作却是首例。该机构有抚恤孤幼的职能。官府规定，不能自理的孤儿（隋朝那段时间战争多，孤儿数量大）由近亲收养，无近亲收养的，由乡里①安恤。在唐朝出现了专门救助儿童的机构——悲田养病坊。这是一家慈善机构，收养孤寡老人、穷人、病人、孤儿。百余年间，悲田养病坊由佛教负责，可以理解为慈悲为怀的意思，直到唐武宗时代开始大肆灭佛，悲田养病坊被取缔。

除了官方救助，朝廷倡导发挥民间救助的力量。失去双亲的未成年人，由宗亲领养，实在没有近亲，就交给乡里抚养。当然，唐朝也有友朋抚孤的情况。

唐朝严禁未成年人拐卖。拐卖未成年人是从古至今的社会大问题。唐律规定，拐卖未成年人为他人奴婢者，拐卖者处"绞"；拐卖十岁以下者，即便自愿也不行，按拐卖罪论罚；拐卖弟妹的，徒三年；拐卖子孙的，徒一年半。总体看来，唐朝对人贩子最轻的处罚是三年徒刑，情况严重的直接判处死刑，足见朝廷的重视。

即便不是强夺贩卖未成年人，随着天灾频发，有的百姓活不下去了，就会买卖孩童。朝廷会派人把家里卖出的孩子给买回来，还给他们父母，据《贞观政要》记载，贞观二年就发生了这样的事情。那一年，关中发生了大饥荒，唐太宗对身边的大臣们说："水旱不调和，是因为国君缺乏道德，苍天应当责罚我，百姓有什么罪过，要遭受这么多苦难！听说有卖儿卖女的人，我很怜悯他们。"于是，唐太宗派御史大夫杜淹巡察灾区，拿出皇家府库的钱财赎回那些被卖的孩子，还给他们的父母。

当然，唐律中也有对未成年人的连带保护和相关福利。比如，保护孕妇腹中的胎儿和刚出生的婴儿。孕妇和产妇触犯了刑律，待她们产子一百天

① 乡里，相当于村官府、乡官府之类行政区划。

后才能处以刑罚，这样可以确保生育和哺乳期。值班的公务员也因此得到优待，妻子分娩期间不用值班了，必须回家照料妻儿。

法律还规定，擅杀子孙要负刑事责任。封建王朝父权至上，直系亲属对子孙有管教的权利，因子孙不孝和违反相关要求，直系亲属伤害了子孙或者将其杀害，法律一般给予的惩罚较轻，甚至免于处罚。但是无故杀害，要承担一定的刑事责任，严重者要被处以死刑。

施害者是未成年人的司法问题

当代，有时爆出未成年人杀人或伤害别人的新闻，一时间会成为网络热点事件。若在唐朝，遇到未成年者是施害者的案例，处理方式是什么呢？

首先，得判断这位施害者是否为未成年。对未成年的判断，各朝代情况不一样，秦朝是以身高为标准确定行为人的刑事责任，身高不足六尺，相当于现代人一米多高，年龄大约八九岁，这样的儿童是可以免于刑事责任的。到了汉朝，采用了年龄判断，年龄不到八岁，除非亲手杀人，一般免于处理。

到了唐朝，对未成年人作为施害者的规定更加详细。若施害者为十至十五岁的未成年人，应负刑事责任，但可以减轻其刑事责任，并可以用赎金方式代替刑罚。若施害者为七至十岁的未成年人，犯反叛、谋逆、杀人等应判处死刑的，由皇帝核准后才能判处死刑；对偷盗等罪行，可用以赎代罚等方式；其他犯罪行为，一律免于处罚。若施害者为七岁以下的未成年人，不负任何刑事责任。因祖父、父亲犯反叛、谋逆等罪而受株连等情况除外。唐朝对未成年人的刑罚处理，一直从唐朝延续到宋、元、明、清，后世有小改动，但无大动。

唐朝的未成年人保护措施，是以传统儒家文化为基础的社会制度。一方面，因时代限制，还存在诸多问题和不足，没有有效杜绝人贩子拐卖、民间卖儿卖女的情况，倚重民间救助和保护更多一点等。另一方面，我们也能看出，唐朝的未成年人保护法较前朝更丰富、更系统，这也是后世朝代一直沿用其政策的主要原因，至今仍有重要的历史意义和借鉴作用。

四、朝廷对老人有哪些福利待遇？ 唐朝的养老政策

　　每个人都会老去，希望老有所养、终有所送，体面地离去，是人们的愿望。养老问题也是自古就有。古人如何养老？唐朝作为封建王朝鼎盛时代，那时的老人都有哪些福利待遇呢？

养老标准

　　何谓老？在中国古代，老人年龄的界定标准与户口制度、赋税制度是紧密关联的。换句话说，封建统治者为方便赋税的征收，按年龄把百姓分为不同的群体。汉朝，二十岁可得到官府授予的田地，六十岁归还。到了唐朝，改为十八授田，六十为老还官，同时免去赋税劳役。由此推算，六十岁在唐朝就算老年人了。

　　唐高祖武德六年（623），朝廷下诏，规定老人年龄标准为六十岁。神龙元年（705），韦皇后下令将标准调整为五十八岁。查阅唐朝史料后发现，除了韦皇后外，其他时期均以六十岁作为老人的标准。按唐朝兵役征发的规定，征兵到六十岁停止。男子年满二十岁，就成为预备役的士兵了，六十岁后免除兵役，进入老人行列。

　　年龄划分好了，哪些人属于养老的对象呢？唐朝有三类养老对象：一是

退休官员和普通老人。唐朝官员退休标准为七十岁，享受法定的退休福利，中高级官员的福利待遇要远远好于六品以下官员。普通老人中，那些无家可归、失去劳动力的，官府会提供一些救助措施作为辅助，但主要由家庭和民间承担养老工作。二是其子孙为国难而死，符合年龄标准的老人。唐朝战争频繁，家族中的孩子为捍卫朝廷利益战死，其长辈理应由朝廷赡养，类似照顾烈士家属。这一点，既符合朝廷利益，也体现了孝道治国的传统。三是"三老五更"者。朝廷举办养老礼时，皇帝会向老人代表祝贺。接受祝贺的代表，是从退休（致仕）的高级官员（三品以上）中推举、遴选的。参加养老礼的老人代表被称之为"三老五更"，属于朝廷法定的养老对象。

家庭养老

家庭养老，顾名思义是指以血缘关系为纽带，以家庭为养老场所的养老模式。赡养老人是子女的义务。对于唐人而言，家庭养老是其养老的主要形式。唐律规定，禁止儿子与父母分居，从而避免分家后老人被遗弃的情况。如果祖父母、父母的身体不好，家里没有两名壮丁，按唐律规定可免除兵役。因生活所迫，孩子卖身为奴婢的，由官府出钱把孩子赎回家，专心赡养老人。

子女是养老的主力，没有子女的老人怎么办？朝廷规定，允许老人收养义子，或者从他人那里过继、买卖子女。允许这样做的最终目的，是让百姓老有所终。养子在老人家中，一旦抛弃老人，按规定给予流放三年的徒刑。至于是否有处罚，史料无考。除了儿子养老，唐人也有女性养老的情况。一方面，男人平均年龄低于女性，男人去世后，由家中的女性辅助养老也是顺其自然的。另一方面，从礼法的角度看，唐人认为女性赡养老人符合对女性道德的要求，值得称赞。

那么，具体如何养老呢？唐人提出了"色养"，将家庭养老从外在要求而内化，提出了更高要求。这一观点的提出，体现了唐朝家庭养老迈上了一个新台阶。通俗一点说，"色养"就是和颜悦色地赡养老人，使其精神愉悦，不能惹老人家不高兴。唐朝规定，如果儿媳妇不能"色养"公婆，闹得公婆不高兴，允许丈夫以此理由休妻。据记载，唐睿宗时期，官员鸿胪卿李向秀的妻子经常辱骂婆婆，李向秀便以不能"色养"为名，毫不犹豫地休掉了妻子。

官府养老

唐朝设立了"给侍"制度，以法律形式保障老人的养老问题。天宝八年（749），唐玄宗下令，七十五岁以上的男性，七十岁以上的女性，各配一名"中男"给侍。发布诏令时，唐人把十八岁以上、二十二岁以下的男性称为中男。给侍政策，是给某个年龄段的老人安排保姆，服侍其生活，做此类工作的人叫作"侍丁"，这或许是一种陌生人陪护的方式。后世认为，这是社会化养老的鼻祖。后来，朝廷又逐步增加了保姆人数，九十岁的老人，配置两名保姆，要是活到一百岁，配置三名保姆。

哪些唐人能成为"侍丁"？唐律规定，优先选择老人的子孙，其次选择亲戚、邻居，前两者都没有的话，再选择一个不相关的人。"侍丁"要保证承担赡养义务，朝廷也给予其本人一些权利保障，即"侍丁"无须服劳役，可以免租，在刑罚方面也可以享受赦免和通融。"侍丁"犯错，只要不属于十恶不赦的死囚犯，有充分的给侍理由，可以请求皇帝恩准，缓期执行。在朝廷的法规中，养老问题与罪犯处罚相比，似乎前者显得更加重要。后来，慈善机构在宋朝繁盛，给侍制度正式告别了历史舞台。

此外，朝廷会给老人赏赐物资，这是唐人的传统。在皇帝即位、册立太子、立皇后、立皇太后、祭祀、改元、生辰、丰收等时段内，依皇帝意图决定是否赏赐。赏赐物一般是布、肉、帛、绢、粟、酒、米、医药、拐杖、农耕用品等。此外，唐朝的均田法规定，老人和残疾人可以拥有四十亩田地，但不需要交税。

没有想到的是，唐朝还给老人授官。当然，这些官职相当于荣誉称号，没有实权。唐高宗弘道元年（683），朝廷大赦天下老人，百岁以上者授下州刺史，妇人授郡君，九十岁以上者授上州司马，妇人授县君，八十岁以上授县令。刺史、郡君、司马、县君、县令都是唐朝官职，虽是虚职，但是对于很多平民百姓而言，这是一生可望而不可即的高官。出台这样的政策，可能是政府为了提高老人的政治地位，这也成为官府养老大政方针中的重要组成部分。

五、为何官员不愿意退休？ 唐朝官员的退休制度

在《朝野佥载》中记载了这么一则故事：武则天时期，某一天朝堂上，兵部侍郎侯知一上了一个奏章，"朝廷给予敕放致仕，不伏"。朝廷规定七十岁退休，但侯知一不愿意，为了表示自己还能再干几年，他在大庭广众之下"踊跃驰走，以示轻便"。至于侯知一是否被勒令退休，史书没有记载。但时人把他和其他三位官员编成了一段顺口溜——"侯知一不伏致仕，张惊自请起复。高筠不肯作孝，张栖贞情愿遭忧"，然后评价这四位"皆非名教中人，并是王化外物"。这样的评价太糟糕了。无法否认的是，退休这事是非常重要的事。

即使被咒骂也不愿意辞职，这真是"万死不辞"。为何侯知一这位七十岁高龄的老人宁愿上班也不愿回家休息？是唐朝官员的退休标准很低吗？我们一起聊聊唐朝官员的退休制度。

退休年龄

古代把官员退休称为致仕。自汉朝形成制度，致仕年龄一般为七十岁。唐律也规定官员年满七十岁，应致仕。白居易也在其诗作中提到"七十而致仕，礼法有明文"。综合史料，唐朝把七十岁作为退休的分水岭，但大部分唐官员不到七十岁就退休了。因为唐太宗时期的宰相大部分死于五十至七十岁，活到七十岁的较少，官员死在工作岗位上的情况较为普遍。即便活到七十岁，还得身体较好，或者朝廷缺之不可，才可能有机会继续工作。不过从唐朝的舆论环境来看，延迟退休并不受欢迎。白居易就写过诗讽刺官场上那些"爱富贵""恋君恩"、年高不退休的官员，认为不愿意退休的官员势必会影响后辈的成长。唐朝官员的退休年龄比平民百姓养老标准整整晚了十年，推测有两方面原因：一是官员生活条件优于平民百姓，劳心者寿命比劳力者要高一些；二是公务员体系内的官员数量不足，推迟十年再退休也可以理解。

一般情况下，退休申请流程是这样的：五品以上高级官员要向皇帝提出申请，禀告自己职场生涯即将结束，感恩皇帝照顾。六品以下的官员，向尚书省递交申请书。流程结束后交接工作，正式退休。可是现实的情况是，并非所有官员都能撑到七十岁。对此，朝廷又规定：官员生病无法胜任工作的，经官府批准可以提前退休。

史料中，有年事已高、气力稍减的公务人员仍希望坚守岗位，但其下场落得令人叹息。柳公权以八十岁高龄，被一群官员以德高望重的理由给推选出来，代表文武百官给唐宣宗恭贺新年。按道理身体不行，拒绝就好了，年迈体弱的他竟然把"圣敬文思和武光孝皇帝与天同休"中的"和武光孝"给记错了，记成了"光武和孝"，惹得皇帝大怒。皇帝不管你是八十岁还是七十岁，罚了柳公权三个月的俸禄。裴廷裕在《东观奏记》中评价道："七十致仕，旧典也，公权不能克遵典礼，老而受辱，人多惜之。"

当然，也有官员被动退休的。即未达到法定退休年龄，身体健康，自己也未曾想过要交出工作，但因一些原因被要求退休。唐玄宗看到兵部侍郎卢绚风流倜傥，气宇轩昂，就问这人是谁。李林甫得知，第二天便把卢绚叫过来，给他三个选择，其中一条是退休。卢绚无奈之下，顾不得唐玄宗的垂青了，只能交出工作，退休避祸。李林甫当政下，一手遮天，大臣们宁愿得罪皇帝也不敢得罪他。

退休待遇

就退休待遇这块，汉朝之前不太好，离开就离开了，并无退休金的记载。到了唐朝，为鼓励官员按时退休，朝廷曾规定可赐予退休官员散官阶，虽无实权，但作为精神鼓励和"奖状"，是对他们仕途生涯的认可。唐太宗贞观时期，允许退休的高级官员参政议政。唐玄宗时期，重申退休官员可参政议政的恩赐。退休后能特恩参政的，仅限于三品以上高官。唐玄宗时期曾下诏令，取消退休官员不许佩戴鱼袋的禁令，官员在职时的鱼袋不用交回朝廷，或许这样的做法是考虑到退休人员的精神需求吧。

除了政治待遇，在经济待遇方面，不同时期各有差异。总体来说，唐代退休官员的待遇依据级别而定，五品以上的退休官员享受原俸禄的一半和一定数量的赐物，个别生活困难的，也可向朝廷申请补贴。唐玄宗时期，曾下诏令给宋璟、卢从愿和杨于陵等官员特恩全俸禄赏赐，这属于退休待遇中的特例。

下级官员的退休待遇怎么样呢？天宝九年（750），唐玄宗诏令：原退休政策规定，六品以下官员退休后只可拿四年的半禄待遇；自本诏令发布后，退休的六品以下官员，可以享受终身半禄的待遇。太和元年（827），唐文宗下令取消六品以下官员的退休待遇。

简单来说，五品以上的中高级官员退休待遇有保障，较前朝有所改观，但是下级官员的退休待遇不受保障，退休后待遇基本全无，难怪唐朝一些官员迟迟不愿意退休。

退休后，大部分的官员选择告老还乡，喝酒吟诗，享受怡然自得的人生时光。他们有的投身道家、佛家，寻求精神寄托；有的具有"处江湖之远仍念庙堂"的精神境界，重入庙堂。例如，刘仁轨因为身体原因退休，在咸亨元年（670）重新进入仕途，后拜宰相。

六、唐人生病了怎么办？ 唐朝的医疗制度

据专家自五千多个墓志中唐人的死亡时间推算，得出唐人的平均寿命为五十九岁的结论。但是，这个数据有待商榷。因为留下墓志的墓主人一般为皇室、贵族和富人，而占人口绝大多数的普通百姓去世后不太可能留下墓志。

据2020年第七次全国人口普查，我国人口平均预期寿命达到了77，而唐人寿命较现代人短的原因有很多，除如战争导致的非正常死亡外，大多数人因生活困难、身患疾病没能得到及时医治而去世，是其中一个重要原因。当然，由于医疗技术不发达，对现代人来说不严重的疾病，对唐人而言可能是绝症。探索唐人的医疗情况，从中探究影响唐人寿命的原因，可以看到那个时代的医疗制度，并感受到时代的变迁。

唐人寿命短的原因

受知识水平局限，在治病一途，古人更迷信权威。唐朝贵族圈子中流传

有一种名叫"五石散"的神药（一说五石更生散）。该药自两晋开始使用，是贵族圈子的灵丹妙药，一般人想都不敢想。贵族们不管有病没病都要来点"五石散"改善体质。据孙思邈记载，这种"五石散"的药物成分包括：石硫黄、白石英、钟乳石、紫石英、赤石脂，再加点中草药。总体来说，成分以矿物质为主。

唐人也迷信类似"五石散"的丹药。韩愈给朋友李虚中写的墓志铭，提到李虚中相信长生不老，"得秘方，能以水银黄金服之"，结果适得其反，服用丹药而亡。不科学用药成为古人寿命较短的一个重要原因。

在唐朝，以"五石散"治病、养生的风气盛行。唐玄宗就曾送给宰相宋璟钟乳，宋璟把这些交给医生去炼化成药。其他人认为这是不对的：皇帝赐的东西，你不把它当成宝，还给变成了药。宋璟说，我光明磊落，怕什么猜忌呢？暂不论宋璟的坦荡，这里提及的故事，史料可靠性应较强，说明拿钟乳炼药是当时社会上流行的养生方法。

药王孙思邈发现丹药未必能治病。他认为吃这种药后果严重，"服食者形神沮丧，等死不悔"。"等死不悔"是慢性自杀，但以唐人的认知水平，未必能意识到。

医疗条件不足是影响唐人寿命的另外一个原因。在现代某些可以治愈的疾病，在唐朝却是死亡率较高的病种。疟疾是唐朝最流行的传染病，现代人俗称其为"打摆子"，在唐朝治疗不了，唐人谈疟色变。又如，天行病，是唐朝另外一种流行性传染病，死亡率高。卒病，现代人称之为心脑血管疾病，是一种慢性病，常见于唐朝记载。例如，《唐代墓志汇编·开元篇》中记有，雍氏四十五岁"忽染于风，卒于私亭"。又如，敬家有遗传性的心脑血管疾病，兄弟先后患"风疾"去世。现代社会虽然无法根治这病，但基本可以做到通过药物治疗和保养，不至于因此早早去世。唐人死亡率高的病症中还有肿病，是由某种病引起的水肿。以上的绝大部分疾病，在现代社会都可以治愈和预防，威胁不大，却是令唐人恐惧的致命性疾病。

唐人寿命短，有胡乱吃药的原因，也受医疗条件的制约。但是，如果回到那时的历史条件中，可以发现唐人已在努力地建设医疗体系，一些医疗措施也日臻成熟。

中央医疗机构

唐朝的医学环境比前朝有了进步，建立了被称为世界历史上最早的医学院，出版了第一本国家药典《新修本草》（又被称为《唐本草》），以孙思邈为代表的名医辈出。唐朝的医疗水平在当时领先世界。

唐朝中央设置了太医署、殿中省尚药局、药藏局三个部门，这些医疗机构成为唐朝医疗的核心部门。其中，太医署于隋朝成立，隶属太常寺，最高长官称为太医令。唐沿隋制，保留了该机构。太医署的职能复杂，不仅要负责医疗管理（行政），还要负责医疗研究（医疗），它还是最高的医疗教学机构（教学），各科专业都招收学生，学习年限三至七年不等。此外，太医署还有自己的药园，培植中草药，供学习、采药、制剂和用药（医工）。太医署综合了行政、医疗、教学和医工四个部门，成为当时最强大的医疗组织。

唐朝太医署的服务对象有官员、禁军、宫女等，在特殊时期还要参与处理疫情。虽然机构名称叫太医署，但是唐朝根本没有"太医"这个工种。据《唐六典》记载，太医署中有医生四十人，这是官职，类似医官、医师、医士、医工、医匠、医正。

太医署的医疗部门中有四大专科，分别是医科、针科、按摩科、咒禁科。医博士、针博士、按摩博士和咒禁博士是相应科种工作人员的职务称谓。从名称可以看出，医博士，属于医科，正八品上，负责掌管体疗、疮肿、少小、耳目口齿、角法的教授和考核；针博士，属于针科，从八品上，负责针灸之术教授；按摩博士，属于按摩科，从九品下，负责按摩和正骨；

咒禁博士，属于咒禁科，从九品下，负责讲授祷告、符咒等方法，不排除心理暗示的疗法在内。

太医署是个综合部门，而殿中省尚药局是皇帝的私人医院。而药藏局是东宫官署，负责皇太子的医药、诊视。这三者，构成了唐朝中央医疗体系的三巨头。

中央医疗机构的设立虽说为唐人服务，但最主要的服务对象仍是皇帝。剖析一下皇帝治病吃药的过程，可了解唐朝社会皇家医疗的特权。若皇帝生病了，医生诊断后开了药方，抓药后的制药过程须有宰相（中书门下长官）、禁军各部长官、尚药局长官及其副手现场监督，缺一不可。监督环节对于皇帝非常必要。随后进入尝药环节，在各相关官员的监督下，制药的"医生"们先品尝，尝完后，参与人要签名联保。尝药医生在确认没有出问题的情况下，药品（药汤）过关。此时，要在包装上注明药方、制药日期等内容，所有在场人员再次签字确认。

大家认为，这样一来皇帝就可以吃药了吧。其实没那么简单，包装开封后，还要进行一次尝药。毕竟，之前包装好的药品可能存在被替换的风险。尝药分为三次：第一次，底层医生尝；第二次，这位医生的上级领导"殿中监"尝；第三次，太子必须要尝。这三次尝药结束后，药才能给皇帝吃。

地方医疗团队

建立中央医疗体系保证自上而下有了指挥棒，也有了培养人才的基地。框架搭建出来，后续各项工作就能按部就班地推进。那么，朝廷是如何建立地方医疗体系的？除了官府力量，民间有类似现在的民营医疗机构吗？

朝廷在建设中央医疗机构的同时，也在推进州县医疗机构的建设工作。地方医疗机构中一般设置医药博士一人、助教一人，他们中的大多数人没有品级，有品级者也多属流外入流者。另有学生二人，下放到地方负责"掌州境巡疗"。唐朝地方医疗机构有点类似现在每个地方的官方医院，医学博士、助教和学生代表了权威。此外，各州县也有专员负责采药、制药之事，制成的药有两种用途：本州所用和上贡朝廷。

官方机构的弊端在于，工作人员少而病人太多，难以满足平民百姓的治疗需求。所以，地方医疗的主力军仍是民间医生，世称游方郎中。游方郎中、官方医疗人员组成了地方的医疗团队。他们的医术水平和口碑怎么样呢？

在《朝野佥载》卷四中记有这样一则轶事：武则天时期，一名叫魏光乘的大臣为人刻薄，喜欢给其他同僚起外号，给兵部尚书起了"赶蛇鹳鹊"的外号。因为舍人吕延嗣头发长，就叫人家"日本国使人"。魏光乘未放过御史，给开元初年任左拾遗的蔡孚起了一个"小州医博士诈谙药性"的外号。暂不论人品，他起的每一个外号似乎都比较形象。为何要给中央官员起这个外号呢？因当时地方医生口碑不佳，被歧视是常有的事情。

不过，朝廷鼓励民间发展医疗，弥补了官方医疗力量的不足。唐朝医者上岗无须上岗证，民间学医的氛围浓厚。但是，事实上，有的唐人有病不治，要么是因为财力物力不足，要么是害怕被庸医胡乱用药治死。总体来说，唐朝看似名医辈出，但医生人数过少，无法满足泱泱大国患者的所有需求。

七、遇到天灾人祸怎么办？ 唐人的社会救助

时至今日，每到地震、疫情等重大灾难发生时，社会救助预案随即启动，很少有人担心灾后吃不上饭。人们有底气，大抵来自全社会的救

助。国家的救助工作，是在生产力相对发达、国力强盛、医疗事业发达和人民群众生活相对比较富足的情况下施行的。那么，在灾难频发的唐朝，社会救助工作是如何实施的呢？

大灾救助

史料显示，在社会救助方面，唐朝的朝廷制定了较为完善的救助政策和保障政策。

手中有粮心不慌，唐人已有建立仓储应对灾害的风险意识。据《贞观政要》记载，唐太宗李世民认为，粮食充足是朝廷存在的基础，一旦粮食缺失，就会导致平民百姓流离失所。在这一指导思想下，朝廷为了应对灾难，从中央到地方建粮仓，包括太仓、正仓、常平仓和义仓等，保证粮食储备。其中，义仓为救灾专用，太仓、正仓和常平仓作为义仓赈灾的补充备用。

设在京城长安的太仓，是当时全国最大的粮仓。太仓的粮食除了供皇帝和京城官员使用，其另一重要作用会在灾难时期激活：用于平抑粮价，赈济长安、洛阳周边的灾民和饥民。开元二十一年（733），关中大灾，太仓拨出二百万石粮食救济灾民。大历四年（769），太仓贱卖粮食救济灾民。

同时，州县设置正仓，不仅作为地方主要物资储备，更是作为灾后赈灾的备用储备。义仓设立前，正仓承担赈灾职能。常平仓，是朝廷设在县以下的用来调剂丰收、歉收、平抑粮价的小型粮仓。义仓是备荒自救的一个仓储。贞观二年（628），大臣戴胄上奏，建议由朝廷恢复义仓，在灾荒之年提供救济。唐太宗接受了这个建议，自贞观二年起，"天下州县，始置义仓，每有饥馑，则开义仓赈济。"且按朝廷规定，义仓仅用于荒年救灾，不得他用。义仓在唐朝的灾难救助中起到了非常重要的作用，有史料记载的三百六十五次灾害中，朝廷赈济了一百三十六次，义仓赈济一百零六次。到了唐朝中后期，义仓和常平仓功能重叠，合并使用，有时从义仓出粮，有时从常平仓出粮。

　　当然，除了设置仓储以备赈灾使用，朝廷还在灾区以工代赈、贱价赊粮、赈贷。这是一种有偿赈灾的形式。官府招募灾民兴办工程，对恢复灾后经济和满足人们的粮食需求有帮助。同时，允许平民百姓贱价买粮或赊粮。如天宝十二年（753）八月，由于阴雨连绵，京城米价上升，朝廷下令出太仓米十万石，减价卖给百姓。另外，官府推出赈贷政策，无息借给灾民粮食和种子，等到丰收时再归还朝廷。为了帮助灾区恢复生产，朝廷往往会减免赋税，减免程度也会根据受灾情况的不同而稍有差异。

　　除了朝廷出面救助，唐朝的寺院、社团等民间组织在灾难面前也发挥了救助的作用，形成官方民间互补的方式，这一点与现代灾难发生后国家救助和民间捐款相似。

残疾救助

　　唐朝社会救助对象广泛，包括伤残人士、老人、妇女、儿童。伤残人士的救助工作在唐朝有明确规定。朝廷认为的伤残，是指那些因为生理缺陷导致劳动能力全部丧失或部分丧失。最轻的是"残疾"，再重一点是"废疾"，最为严重的是"笃疾"。《唐律疏议》中指明了三种残疾的差异：残疾的标准是一只眼失明、两只耳朵失聪、缺少两个手指、缺少三个脚趾等；废疾的标准是脚断了一只、侏儒、腰脊折等；两眼全部失明、两腿全断、有治不好的病（"恶疾"）、癫狂等，属于"笃疾"。

　　针对残疾分类，朝廷开展了针对性救助。政府对残疾者以实物、田地、赋役减免、收容侍养、配给侍丁等方式救助。实物救助方面，朝廷赐予残疾者粮食、帛等生活用品。在田地分配方面制定了相关标准。在这些基础上，还制定了赋税减免的政策。唐律规定，废疾不必缴纳赋税，但是对残疾者，给予一定范围内的减免而非全免。唐朝的残疾人社会救助最为突出的一面，是在照顾之余，更鼓励自养。比如，朝廷为了帮助残疾人生存，会为他们提供一些工作机会。

对于伤残战士，朝廷规定提供医药、终身衣服、粮食等方面救助。对于老弱、患有疾病的失去战斗能力的将士，朝廷资助他们回家，给予终身优待，为其中的无家可归者提供田宅。对伤残战士的优待和补偿，体现了唐初尚武、重军功的风气。武则天下诏令，对阵亡的将士，应送其骸骨回故乡，若将士有孤弱子弟，也可由军队出资抚养，战亡者的家属可以享受免除赋税的优待；家中缺乏劳动力的兵士家属，也能得到相应救助。

妇幼老救助

老人、妇女和儿童是社会的弱势群体，如何救助他们，是社会的主要问题之一。

唐朝的朝廷提倡和鼓励民间善待老人，舆论上倡导尊老爱幼，也为此制定了措施。一是对有老人的家庭提供实物救助，希望以此鼓励家中的孝子贤孙、义夫节妇能尽孝道。朝廷规定，八十岁以上的老人，官府赏赐米、绢、绵和酒等。二是免除部分赋役。家里有老人的，家属优先得到救助和免除部分赋役。比如，当兵的家里有七十岁以上老人，可以回家奉养老人；家里有八十岁以上老人的，可免一子从征、免一子徭役。

孤儿救助分为两种情况。一是家族有其他成员的情况，多由宗族、姻亲救助。这样的例子较多：例如，王硅侍奉寡妇嫂子，抚养失去父亲的孤侄，恩义极隆重，恩重如山；又如，阳娇抚孤侄，如对待自己亲生儿子一样。这一切，得益于唐人的孝道风气。二是家中无人或无力抚养孩子的情况，由朋友帮忙抚养遗孤。例如，卢藏用、陈子昂、赵贞固三人是好朋友，陈子昂、赵贞固去世得早，卢藏用便抚养了朋友们的孩子。这样的情谊，为时人称道。

老人、儿童作为弱势群体，得到了国家和民间宗亲的照顾，那么妇女的救助如何实施？法律规定，地方官吏不得自征妇女从事力役。此外，朝廷为寡妇提供田地，减免其赋税，鼓励她们自食其力。

朝廷也救助宫女、叛乱者妻女。内侍省下辖奚官局，供应宫人医药，在宫城中还有"坊所"，专门集中隔离和治疗重病宫女。据记载，与史朝义作战得胜，擒其将士妻子老幼四百八十人。皇帝要求把他们安排到胜业佛寺，提供粮食。其间若有家属来相认，须得归还；若无家属相认，"任其所适，仍给粮迳过"。由已故者生前的亲朋好友对寡妇施行救助，也是民间妇女救助的方式之一。孟郊去世，郑余庆送钱数万，还救助他的妻子和孩子数年。

不可否认的是，唐朝的社会救助工作较前朝有所发展、进步，救助对象包括老人、妇女、儿童、病人、残疾人以及特殊人员。施行救济的主体不仅有政府，也有民间力量，对救济措施也进行了制度化探索。在千年之前，已属非常难得。

第十章

友邻邦交

一、唐朝为何频繁和亲？ 唐朝的外交和亲之路

　　唐朝三百年间，中原与周边部落政权的和亲活动极为频繁，达二十八次之多，最终成行十七次（另有一说十九次）。[①]其中，有六位和亲公主来自皇家，其他为宗室之女或功臣之女。和亲起于汉朝，盛于唐朝。唐朝分别与吐谷浑、吐蕃、突厥、奚人、契丹、西域拔汗那、回纥等和亲，和亲已成为政权之间交往的重要组成部分，其范围、次数独树一帜。这也引发后世猜想，唐朝为何频繁和亲呢？

和亲类型

　　和亲是政权之间出于政治目的的联姻活动。唐朝与回纥之间和亲八次，居和亲次数榜首；与突厥和亲五次，与契丹和亲四次，其他一般为四次及以下。按和亲目的来说，可分为安抚型、平衡型、分化型三种类型。

　　吕思勉先生在《中国通史·婚姻》中表达自己对古代和亲的看法，认为"在古代，和亲的交际，限于血缘上有关系的人。异姓间的婚姻，虽然始于掠夺，其后则渐变为卖买，再变为聘娶，彼此之间，无复敌意，而且可以互相联络了"。所谓"无复敌意"，指唐政权与周边政权相互承诺"绝不战争"，安抚型和亲即源于此。东突厥归降大将阿史那忠，"诱执颉利可汗而

---

① 《唐会要》卷六之《和蕃公主》列十五人。《新唐书》《旧唐书》列三十一人，其中未成行者有四人：两名为男性，另外两名女性为新兴公主、金山公主。

以归国"，作为瓦解东突厥的功臣，唐太宗李世民拜其为左屯卫将军，并将定襄县主嫁给他。阿史那忠宿卫四十年，忠于唐朝。安抚型是通过和亲缓解周边政权关系一种方式，相当于给周边政权的首领吃了定心丸。他们感受到了唐朝朝廷的善意，而唐朝使用和亲安抚的方式"以夷制夷"，即让和亲对象管理所辖区域。从史料记载看，在短时期内，和亲对彼此均有好处，至少赢得了一段时间的边疆安宁。

平衡型和亲，是在多种政权关系中寻求平衡。唐朝与吐蕃的多次和亲都偏向平衡型。在吐谷浑、吐蕃、唐朝三家关系中，唐朝通过和亲微妙地维持平衡。唐太宗时期文成公主、唐中宗时期金城公主的和亲安排，即基于此需求，事实上也为当时的唐朝赢得了发展国内经济的时间和机会。

除了安抚、平衡两种方式，分化型和亲也被使用过。唐初，由于经济发展不足，军事方面不足以抵挡周边侵扰，于是，朝廷册封宗室女子为公主，计划将该公主下嫁给西突厥统叶护可汗。听到这一消息后，东突厥颉利可汗非常担心，因为西突厥和唐朝联姻一旦成功，便会实力大增，东突厥就会处于西突厥和唐朝的联合夹击中。于是，东突厥的颉利可汗希望搅黄这次和亲。在与唐朝交涉无果后，颉利可汗给西突厥统叶护可汗写信说，"汝娶唐公主，要须经我国中过"。统叶护可汗在没有办法的情况下，写信给唐朝拒绝了和亲。虽然和亲没有成功，但是东西突厥因和亲之事心生嫌隙，客观上起到了分化的作用。

前面提到过，唐朝有宗室女子或者功臣女子替代公主出嫁的情况，可能的原因有：一是和亲时朝廷并无适龄公主；二是皇帝不舍得亲生公主远嫁他乡；三是适龄公主自己不愿意，宠爱公主的皇帝有时会顾及女儿的意愿。真公主也好，假公主也罢，她们均是带着唐朝的和亲任务，都要履行和亲的程序。

和亲程序

客观来说，远嫁和亲对女子来说是个灾难，在当时落后的交通条件下，女子要想回娘家，几乎是不可能的。另外，但凡双方政治关系不稳定，嫁出去的公主可能性命不保。据《资治通鉴》，天宝四年（745），奚族和契丹族首领在起兵之前，把和亲仅半年的两位公主押到三军阵前，砍下她们的人头"祭旗"，表达反叛之心。

和亲的基础是政治关系，虽与唐人结婚的情况并不一样，但该走的流程还是要走的。在古人看来，结婚程序的复杂和隆重，是表达对女子婚姻的重视，也表达了娘家庄重的态度。与唐人结婚程序相比，和亲删减了四个程序，多了两个动作。一般情况下，唐人结婚包括纳彩、问名、纳吉、纳征、请期、迎亲等六个程序。和亲去掉了问名、纳吉、纳征、请期，保留了纳彩和迎亲，或是由于路途遥远和风俗不同的缘故才这样调整。

此外，和亲另增加送亲和改汉为胡这两大礼仪。一般情况下，送亲仪式非常隆重，唐朝朝廷讲究排场，诏令京城官员聚在一起欢送公主。唐人认为这是宣扬国威、普天同庆的大事，需要大肆宣传。公主会带走一部分唐人，他们陪护着远在他乡的公主。和亲队伍在唐朝境内每到一处，官府都会安排专人接送，除留下陪护的人员外，其他送亲人员抵达并安置好公主后，仍要返回唐朝。和亲使者不仅要护送公主到达目的地，还要代表中原政权。

改汉为胡礼仪是和亲特有的礼仪，具体要做以下事情：换当地衣服、采用当地习俗。有的风俗是丈夫去世后，妻子再嫁给自己的儿子或下一个继位者。继婚方式在中原看来无法接受，却是改汉为胡中的一项内容。唐玄宗的堂妹燕郡公主与契丹首领郁于成婚不久，郁于去世，按契丹风俗，燕郡公主又成为契丹继位者郁于的弟弟吐于的妻子。作为中原女子，入乡随俗，要忍受与中原不一样的文化习俗。

和亲原因

为什么唐朝会频繁和亲呢?

主要是因为唐朝的舆论环境包容和亲,上至皇室贵族,下到平民百姓,并没有人认为和亲是耻辱,对和亲并不排斥,他们把和亲当成闺女远嫁。唐人能包容其他民族,唐朝是一个包容的政权,长安的西市能成为国际性的商业市场即能说明问题。若在明朝,别说和亲了,在与周边政权关系上,只要大臣言语上稍微示弱一点,立马会被其他大臣喷成筛子。这是因为明朝奉行"不和亲、不赔款、不割地"的祖训,朝野上下视和亲为巨大耻辱,言官舆论压力较大。所以,明朝的历史记载中未发生过一次和亲事件。而唐朝国力强盛,和亲就是嫁个女子而已,而且和亲在汉朝就有先例,唐朝不过是沿用而已。

当然,决定和亲最关键的因素,还是政治需要。唐朝女子的地位虽较其他王朝有所提升,但在政权利益面前必须服从。毕竟对于朝廷来说,和亲是低成本的解决问题方案。贞观十二年(638),松赞干布击败吐谷浑、党项、白兰羌,逼近唐朝松州,要求和亲,朝廷不同意,于是,双方开战。唐军击败了吐蕃,松赞干布大惧,遣使携带礼金谢罪,李世民将一宗室女封为文成公主出嫁。这便是文成公主和亲的历史背景。松赞干布作为吐蕃的君主并不傻,没有强盛的国力背书,何至于非常恭敬地向唐朝的一个臣子行子婿之礼。圣历三年(700)、长安二年(702),唐军两次击败吐蕃军。唐中宗景龙元年(707),吐蕃摄政太后派遣使者进贡,向唐中宗请求联姻,中宗下旨封李奴奴为金城公主下嫁吐蕃。以上的几次和亲有一个共性,即朝廷打败对手,处于强势的情况下同意和亲。

历史上的绝大部分和亲能带来一段时间的和平,给彼此都留出喘息的时间。借上层的和亲政策,出现了频繁互市、交易互通、各取所需的情况,推动了民间的贸易流通。此外,和亲公主可能会携带工具和工匠,改善了落后政权的技术水平。文成公主入吐蕃后，也带去了唐朝的医疗、文学、宗教、农业、手工业，教会了吐蕃人提高生产力的方法，缩短了周边政权与唐朝的技术水平差距。

"天下熙熙，皆为利来，天下攘攘，皆为利往。"和亲未能从根本上改变利益的争夺。公元638年，唐与吐蕃在边境开战，吐蕃被击退，臣服于唐；公元662年至667年，唐与吐蕃边境冲突，吐蕃吞并吐谷浑，成为唐朝最强劲的对手；公元670年至702年，唐与吐蕃发生战争，唐军先败后胜，保住了安西四镇，吐蕃臣服于唐。文成公主于公元641年下嫁给松赞干布，到公元680年患天花去世，其中的两次战争，都发生在其和亲后去世前。

公元714年至729年，唐与吐蕃发生战争，唐军胜利，吐蕃臣服于唐；公元737年至779年，唐与吐蕃发生战争，唐军先胜、中败、后胜，河西陇右之地尽丧，吐蕃曾攻陷长安，而后屡攻屡败，双方言和；公元707年金城公主下嫁吐蕃并于739年去世，在其在世期间，多次力促盟约，短期内平息了战乱。随后的公元786年至802年，公元847年至866年，唐与吐蕃发生两次拉锯战，最终以吐蕃分裂而告终。打是为了立威，和亲是为了安抚。打一巴掌给一个甜枣，唐朝朝廷这一招用习惯了。

总体说来，公主和亲推动了和平的到来，但从来都无法阻止战争的爆发。利益当前，唐朝朝廷和周边政权从来没有顾及儿女私情。对于唐朝的和亲，不建议夸大其成效，当然也不能否认它的影响。

唐朝与周边政权的联姻，有利于中原与周边互通有无，也推动了下层民众的交流，对商业和文化交流有一定的促进。

二、唐朝的留学生为什么那么多？ 遣唐留学生的那些事

　　在唐朝，有一群热衷交流学习的外国人，他们跟随遣唐使来到中原，有人在遣唐使完成任务后随其返回本土，被称为"还学生"；也有人留在大唐继续学习，被称为"留学生"。为何唐朝的周边国家热衷于向大唐输送人员来学习？朝廷是如何管理留学生的？留学生在唐朝能学到些什么呢？

留学盛况

　　隋朝是中国历史上有记载的第一个接收外国留学生的朝代。到了唐朝，其他国家为了学习大唐文化，曾多次派遣唐使和学生来中国。其中，日本表现得比较积极。在中日白春江战役[①]中，日本战船全部被焚毁，数万名日军死亡。遭受惨败后的日本，认识到唐王朝的强大，此后近百年间的执政者连续派出十三批遣唐使。遣唐使的主要任务是向唐朝学习政治、经济和文化知识。而周边的其他邻居，新罗、百济、高丽、高昌等也不甘落后。新罗依附于唐朝，在唐留学生数量居高不下。公元837年，新罗到唐朝学生达二百一十六人之多，三年后，归国一百零五人。这些留学生中，有一些留在中国参加科举及第进入仕途。

　　到唐朝学习的如此之多，主要无外乎与学习福利、本土赏赐、学习时长等三方面有关。

————
　　①　一说白村江战役，发生于公元663年。

首先，遣唐留学生在唐朝的福利相当不错。例如，在国子监学习。要知道，国子监是官方实力最强的学校。朝廷还规定，外国留学生享受类似后世的公费学习，所有在校的学习费用、食宿与四季服装，均由朝廷负责，而书本费由派遣国负担。

这样的福利待遇如果还不够吸引留学生的话，派遣国本土对留学生的赏赐或能加把力。考虑到大部分留学生最终要回国建设本土的，日本天皇就非常给力地拿出一系列奖励办法。比如，对学子的赏赐仅次于遣唐大使和副使，也就是参加学习的学子，除了能接受公费学习，在本土受到的礼遇仅次于官员。

对于爱学习的留学生来说，第三个福利最为重要。唐朝给留学生安排的学习时长一般为九年，并非浅尝辄止混几年就回国。大唐文化博大精深，起步九年，机会难得，相信只要沉下心学习，足以学懂弄通。日本奈良时期的留学生在唐朝一待就是十年、二十年，这几乎成为那段时期留学时长的标配了。

简而言之，唐朝的福利好，本土的赏赐大，可长时间学习而非浅尝辄止，这三大福利，充分吸引了外国学子到大唐学习，扎根交流。

留学生管理

遣唐留学生的管理工作由鸿胪寺统一管理。对留学生的管理，一般分为三个步骤：第一步是注册学籍。凡是留学生，须去鸿胪寺走一趟办理相关手续，未按要求注册的学生视为黑户。第二步，是会同礼部商量入学事宜，按要求入学。第三步是履行期满回国的程序。唐朝指定机构会跟踪学籍登记档案，掌握其学习年限，期满后，各国留学生由鸿胪寺向朝廷汇报，待批准后才能回国。唐中后期，有的留学生期满不愿意回去，也有一再延迟的情况。

遣唐留学生名额有限。受限于各方面条件，唐朝的办学规模是额定的，国子监首先要保证国内贵族子弟的就学要求，再去满足遣唐留学生。史料记载，新罗先后被退回了二百零九名学生。

所以，唐朝建立了入学资格审查制度。各国遣唐留学生须提前提出申请，等待鸿胪寺审查筛选后方得准许入唐。筛选中，若发现汉语不好的学生，不予录取。筛选通过后，经过入学一段时间，若某些学生仍学不好汉语，也可能被劝退。有的日本留学生因不精通汉语而无法进入国子监，于是只能在长安访问名家求学，可见当时选拔制度的严格。在资格审查制度中，朝廷将仪表端庄、学术修养作为考察的项目。据日本史料记载，到唐朝留学的，鲜有高官家的孩子，大部分留学生是实力和家境居于中等以下的官僚子弟。日本官府选择他们到唐朝，是因为他们的学业可堪造就，这也对应了唐朝审查制度中的"学术修养"一项。

除了资格审查，唐朝还规定了遣唐留学生的五个"不得"：不得私自与官员、百姓交往；不得随意与州县官员接触；不得在唐朝从事间谍工作，一旦发现，处以死刑；不得穿唐朝服装；不得私为婚姻或携妇归国。其中，留学生不能像唐人一样身着唐朝服饰的规定，至于能否执行就另当别论了。

唐朝对留学生的婚姻也有相应管理规定。唐律规定，遣唐留学生提出申请，要报朝廷批准后他们才能在唐朝娶妻纳妾。留学生业满学成后，不能携在唐朝娶的妻妾回国，否则要接受处罚。还有一种说法是，结婚后就留下来作为大唐子民。或者两种情况都有吧。

留学生学制

总算留下来了，留学生们正式进入学习阶段，必须遵守唐朝的风俗习惯和学业规定。留学生所用教材和学习时间的安排与中国学生相同，其中，《孝经》《论语》《尚书》《春秋公羊传》《春秋谷梁传》《周易》《礼记》《左氏春秋》都有学习时间限制，一年到三年不等。比如，《礼记》《左氏春秋》各三年。在考试方面，根据学制要求，留学生必须参加旬考、月考、年考、毕业考。顾名思义，旬考每十天一次，由各主讲老师主持。这个制度在现代的一些学校中仍有保留。月考是唐肃宗元和年间发生的事情，由国子监祭酒冯伉提议，唐肃宗批准，学生们有了月考测试。月考后，就会有年考。唐朝的年考一般都在年末，考试成绩出来后，学生的等级分为上等、中等、下等。

最后一次考试是毕业考，按规定，所学全部课程统考一次，成绩及格者可顺利毕业。若九年结业尚未修完规定课程，或连续三年考试均为下等，或出现吵架、凌辱师长等过失，或一年中有一百天以上请假者，均会被勒令退学。

留学生可参加科举考试，若及第且符合官员选拔任职要求者，朝廷会毫不吝啬地授予其官职。开元三年（715），阿倍仲麻吕被选为日本遣唐留学生，后来留在了中国，深得唐玄宗、唐肃宗等皇帝信任，官至三品秘书。在唐期间，他与李白、王维等人成了好朋友。"抽刀断水水更流"这首诗，就是李白误认为阿倍仲麻吕去世后写下的，未料闹了个乌龙。大历五年（770），阿倍仲麻吕在长安逝世，朝廷追封其为二品。

日本的多名遣唐留学生在唐朝学习了中国文化，回日本引进了唐朝的法令，将学到的知识报效本土。如粟田真人等回日本后，主持编纂了日本法律《大宝律令》，这成为日本第一部律令法典。

三、为何我们会有"强唐弱宋"的印象？唐朝与周边政权争端的解决之路

熟悉历史的读者对"强唐弱宋"这词应不陌生。后世人对唐朝强盛

的印象，源于有唐一朝一直在开疆拓土，气势强；认为宋朝羸弱的原因是，宋朝老被欺负，割地、赔款是家常便饭。

但是，若以综合国力的强弱衡量，却有另一个结论：宋朝比唐朝更富裕。另有现代资料显示，宋朝鼎盛时期，比唐朝鼎盛时期要富裕七倍。南宋李焘编《续资治通鉴长编》记载：北宋人认为宋朝的京师与汉朝、唐朝的京师相比，民众要富裕十倍。基于这些史料，"强唐弱宋"的说法并非以经济实力作为衡量标准，而是以当时的国际地位而论。

政权之间的相处之道

六世纪末七世纪初是中原的大动荡时期。北方突厥实力强大，李渊称帝建唐前曾向突厥称臣纳贡，以求其保护和支持。唐建国九年后，李渊一直在为当初的称臣纳贡买单，一边努力维持与突厥的关系，一边铲除国内的残余势力。李世民登上皇位后，用了两年的时间才将国内残余势力基本消灭。但是，突厥对大唐的牵制从李渊开始延续到李世民的时代，并无收敛。

从李世民的所作所为和史料记载可以推测出，在国与国之间的外交政策中，李世民始终坚持"实用策略"以应对当时的变化和恶劣的外部局势。史料中虽未记载李世民对李渊被突厥牵制的态度，但其后种种行为可说明李世民是"马上皇帝"，绝非浪得虚名。

西边有突厥，东边是高句丽、新罗、百济，均与唐朝关系复杂，时好时坏。有的趁火打劫，有的"狼子野心"。唐初，契丹、奚奉突厥为主与唐朝为敌，支持河北割据势力头目多次骚扰边境。七世纪，契丹、奚对唐由敌对转为归顺，再至反叛。而自李世民起，对周边政权的态度变为不服就打，归顺就收。

贞观三年（629），唐灭东突厥，国威大振，李世民被尊称为中原以北和西北的部落首领的"天可汗"。贞观十四年，唐灭高昌，这是中原王朝在政治意义上第一次灭国，标志着唐朝统治从此进入了西域地区，开始对西域施行行政管理和统治。唐高宗总章元年（668），唐灭高句丽，唐太宗李世民、唐高宗李治两朝均参与了这场旷日持久的战争。最终高句丽被灭，标志着唐朝在东北亚地区一国独尊的地位正式确立，维护了大一统王朝的宗藩制度。

对于唐朝统治者而言，征服只是开始，万国来朝才是他们追求的大国心态。安史之乱前，唐人喜欢看到外族人进入长安，拜见皇帝，顺带住上一段时间，感受唐朝的繁华。安史之乱后，朝廷为了平息内乱向回纥借兵，希望借此平定叛军，而回纥的介入，导致唐朝在东亚的地位受到了冲击。内忧外患之际，与邻国结盟、增强自身地位，在外交上解决了一时之痛，但无异于饮鸩止渴。但不管如何做，唐朝在很长一段时间内，留给当时世界的印象依旧是霸气和不屈。

灭东突厥，让可汗成为舞王

武德三年（620），东突厥颉利可汗每年侵扰唐朝，十分傲慢，而唐高祖因天下初定委曲求全，没有想到颉利可汗变本加厉，于武德四年入侵代州、原州等地。武德五年，颉利可汗亲自带领数万骑兵，与刘黑闼联合包围新城，唐将李大恩战死，士兵阵亡数千。当年六月，颉利与刘黑闼分兵入汾、潞等州，掠男女五千余口。李世民出兵，以失败告终。

自武德七年（624）开始，连续三年，颉利可汗一再侵扰唐朝。武德七年，"颉利、突利二可汗又入寇原州，连营南上"。武德八年，"颉利领十余万骑，大掠朔州，又袭将军张瑾于太原，瑾全军没，脱身奔于李靖"。武德九年七月，"颉利又率十余万骑进寇武功，京师戒严"。

颉利打到家门口，李世民设疑兵之计，率领高士廉、房玄龄等在渭水隔河与颉利可汗谈判。对长期在战场上斗争、在官场上玩心眼的李世民来说，颉利不算精明。当见到李世民带领的军队士气旺盛，颉利不禁大惧，率突厥全体骑兵返回。李世民权衡再三，不得不签下了被他视为耻辱的渭水之盟。突厥退兵后，铁骑还时常在大唐边境滋扰劫掠，弄得百姓们敢怒不敢言。

渭水之盟在李世民心里始终是一根刺，在其后的执政生涯中多次提及。贞观三年（629），唐灭东突厥，生擒颉利，送于京师。李世民说自己"志灭匈奴，坐不安席，食不甘味"，即源于渭水之盟的耻辱。自此，原东突厥部分领地成为唐朝领土。

颉利可汗到长安后，被安排为李世民和李渊献舞，自此开始了"长安舞王"的职业生涯，而他没有想到的是，唐朝这些皇帝对周边君王跳舞这件事上瘾了。在跳舞方面，颉利起了一个坏头，唐朝的周边邻居一旦被抓，要是侥幸活命，一般被安排学习跳舞这份新技能，以舞娱人，成为他们失去土地、失去臣民、归顺大唐后的必选动作。就这样，颉利可汗成为长安第一任异族舞王。所谓好死不如赖活着，与高昌王鞠文泰相比，他无疑是幸福多了。

收高昌，置安西都护府

高昌地处天山南麓，临近西域东部，居民以汉人为主，在历史上与中原王朝关系较为密切。在西汉、东汉、西晋等时期，高昌一直是中原王朝的领地。北魏和平元年（460），汉人建立独立的高昌王国，建国后与中原政权保持良好关系。隋炀帝把两个宗室女子嫁给了伯雅和其子文泰。但凡西域有什么动静，鞠文泰第一时间秘密向李世民汇报，以此行径表示自己忠于唐朝，绝对不会做出对唐朝不利的事。从后面历史进程来看，李世民一开始是信任他的。

贞观三年（629），高昌王鞠文泰来到长安。此行中，鞠文泰的妻子宇文氏向李世民申请回归宗籍，李世民赐宇文氏李姓，封她为常乐公主。两年后，鞠文泰突然改变了态度，安排人在路上拦截、阻止西域小国给唐朝进贡，还出兵攻打唐朝的附国焉耆（西域国名，现在新疆境内）。高昌国的大臣们担心这些行为得罪唐朝，纷纷劝阻，但鞠文泰不听。不过，虽然鞠文泰小动作不断，但尚未上升到公开对抗，仍属于小打小闹。鞠文泰也有自己的打算，西突厥的支持让他变得有恃无恐。事实证明，鞠文泰高估了自己的实力，也低估了李世民的决心。贞观十一年，唐朝和高昌王国关系继续恶化。高昌国继续攻打焉耆，攻打五城，焚烧了所有能烧的房屋，抢夺男女约一千五百人。贞观十二年，高昌王国又联合西突厥攻打唐朝伊州。李世民痛斥，鞠文泰表示自己要"鹰飞于天"。李世民诏其入朝，鞠文泰称病不见，这标志着唐朝与高昌恩断义绝，彻底决裂。

从地理位置上可以发现，伊州本是高昌与唐朝之间的屏障，在贞观四年（630）被纳入唐朝版图，开通了从西域到唐朝的道路，从而取代了原来高昌从西域到唐朝必经之路的地位。归根结底，经济利益和政治利益的冲突引发了对抗。

西域国家与唐朝的关系时好时坏。贞观十二年（638），李世民安排侯君集攻打高昌，周边政权首领纷纷表示愿意加入讨伐队伍。焉耆国使者多次入朝要求参战，薛延陀可汗愿做向导。这有点超出鞠文泰的想象。听说唐军兵至，鞠文泰惶惶不可终日，一病不起。

即位后的新高昌王鞠智盛企图挽回败局，希望通过外交手段谈判侥幸过关。他向侯君集上书表示不降唐，说得罪天子（唐皇帝）的是先王（父亲）不是我，他人已死了，我即位不久，请可怜可怜我吧。侯君集收到后表示，要是真心悔过就束手就擒吧。鞠智盛坚决不投降，联合西突厥与唐朝继续作战。贞观十四年（640），高昌被灭，李世民设置安西都护府，大唐开始进入西域。

实际上，高昌国对于中原佛法的传播有间接帮助。唐初，玄奘要去印度取经，在未得官方公文的批准情况下，于贞观元年孤身西行，途经高昌国并逗留了一段时间。在这段时间，玄奘与高昌国王鞠文泰结下了深厚的情谊。当唐玄奘即将离开高昌时，鞠文泰亲手写了送给西域二十四个国家的文书。玄奘这一路能通行无阻，与这些文书有较大关系。此外，鞠文泰还为玄奘准备了大笔金钱、大量马匹、二十多名奴仆以及换洗衣物。这些行为，客观上成全了玄奘西行取经的一段佳话。

征高句丽，维稳东北边疆

唐朝统治时期，作为藩属国，朝鲜半岛上的新罗、百济和高句丽的三家政权对唐朝的态度不一。在三家中，新罗实力弱小，为避免被另两家吞并，紧跟唐朝步伐；百济和高句丽认为自己的实力较强，可联手自保，表面上称臣纳贡，私底下时常搞点小动作。唐朝认为，朝鲜半岛从秦汉起就被朝廷视为统治下的一部分，而维系与该地的宗藩关系为唐朝一贯的外交主张。

于是，自认为能与唐朝抗衡的高句丽和百济，决定联合起来攻打新罗，这也有试探唐朝态度的意图。贞观十六年（642），高句丽荣留王被大臣渊盖苏文杀死，渊盖苏文拥立宝臧王高臧。渊盖苏文是个强硬派，根本不理会李世民的劝告，联合百济进攻新罗。顺带提一下，"渊盖苏文"这个名字在中国封建王朝的史书上是不存在的。因要避唐高祖李渊讳，《旧唐书》等史料将渊盖苏文统统改为泉盖苏文。

高句丽与百济无视唐朝宗主国地位的做法，增加了唐朝东北边患，为维护王朝的和平，唐太宗不得不"御驾"亲征。贞观十八年（644）秋天，唐朝开始部署对高句丽的大规模军事行动，张亮被任命为平壤道行军大总管，带领五百艘舰队和四万三千名战士横渡渤海，在辽东半岛登陆。一个月后，李勣被任命为辽东道行军大总管，带领六万步骑出发，与张亮的队伍在平壤城会合。贞观十九年，唐军开始攻打高句丽，李世民亲征，在安市城指挥，未料安市城攻克失败，兵粮将尽，只好撤兵。此后，李世民多次派兵攻打高句丽，均以失败告终。唐高宗继承李世民的政治主张，继续攻打朝鲜半岛。唐高宗显庆五年（660），苏定方灭百济，唐高宗在此设置都督府管理百济旧地。一年后，百济在日本帮忙下复国了。好景不长，刘仁轨打败日本援军，百济再次被灭国。对于唐朝来说，一个非常重要的转折点终于到来了。乾封元年（666），渊盖苏文病死，其子夺权。乾封三年，在薛仁贵的带领下，高句丽被灭国。

李世民、李治两位皇帝均积极参与对高句丽的持久战。这场战争后，唐朝的综合国力虽然受到了战争的一时影响，但重新树立了宗主国的形象，对威摄其他藩属国、稳定边疆都起到了非常积极的作用。